세상에 대하여 우리가
더잘 알아야 할 교양

45

지은이 | 옮긴이 | 감수자 소개

지은이 **제오프 나이트**

맥쿼리대학교를 졸업하고, 아동과 성인용 도서를 만드는 작가 겸 편집자, 영어교육 전문가로 활동해 왔습니다. 일본 벌리츠, 옥스포드대학교 출판부 등을 거쳐 뉴저지에서 어학 강의를 하고 있습니다. 주요 저서로는 《성형 수술(Cosmetic Procedures)》《맞춤 아기(Designer Babies)》《해부학과 생리학 입문(Introduction to Anatomy and Physiology)》 등이 있습니다.

옮긴이 **한진여**

연세대학교 영어영문학과를 졸업했습니다. 출판사에서 저작권 수출입 및 편집 기획자로 근무했으며, 현재 영문과 일문 번역을 하고 있습니다. 《가해자 가족》《딘킨딩스(전 4권)》《아름다운 영혼의 동물들》《울퉁이와 콕콕이》 등을 우리말로 옮겼습니다.

감수자 **윤순진**

환경에너지 정책 관련 연구 활동을 하고 있으며, 독일 총리실 산하 지속가능발전위원회 초청으로 환경 정책에 대한 보고서 작업에 참여했습니다. 현재 서울대학교 환경대학원 교수로 재직 중이며, 환경부 자체평가위원회 위원, 서울시 환경영향평가위원회 위원, 한국환경교육학회 부회장, 한국정책학회 운영이사, 한국기후변화학회 이사 등을 맡고 있습니다. 역서로 《생태논의의 최전선(공역)》《에너지란 무엇인가》 등이 있으며 저서(공저)로는 《우리 눈으로 보는 환경사회학》《환경행정학》《지속가능한 사회 이야기》 등이 있습니다.

상에 대하여
우리가

세
더잘

알아야 할
교양

제오프 나이트 글 | 한진여 옮김 | 윤순진 감수

45

플라스틱 오염

재활용이 해답일까?

내인생의책

차례

※ 본문의 **굵은 글씨**로 표시된 단어는 93페이지 용어 설명에서 찾아보세요.

우리 현대인은 플라스틱에 둘러싸여 살아갑니다. 이 글을 쓰고 있는 제 주변도 플라스틱이 가득합니다. 우선 컴퓨터 자판이 플라스틱으로 되어 있고, 컴퓨터 본체와 모니터 테두리, 모니터 받침대, 마우스까지 모두 플라스틱으로 만들어져 있어요. 책상 위에 있는 스탠드 조명과 전화기, 필통, USB, 볼펜, 전자계산기도 모두 플라스틱이네요. 거실, 부엌, 화장실 등 집 안 어디를 둘러봐도 플라스틱이 없는 곳을 찾기 힘들 정도예요.

플라스틱은 확실히 가볍고 단단하고 사용하기 편리한 재료입니다. 그래서 인류는 많은 물건을 플라스틱으로 만들어 사용하기 시작했지요. 하지만 플라스틱이 일으키는 문제에 대해서 깊이 생각해 볼 기회는 별로 많지 않습니다. 여러분도 단지 우리 주변에 많다는 이유로 플라스틱을 무심코 사용했을 거예요. 어차피 재활용 쓰레기로 분리 배출하니까 별 문제가 없을 거란 생각을 하기도 쉽고요. 인류는 언제부터 플라스틱을 사용하기 시작했을까요? 플라스틱은 잘 썩지 않는다고 하는데 플라스틱을 땅에 묻어도 될까요? 플라스틱을 태워서 없애는 건 어떨까요? 땅에 묻거나 태우는 게 안 된다면 재활용하면 될까요? 과연 쓰고 난 플라스틱을 모조리 재활용하는 게 가능할까요?

흔하게 쓰이고 쉽게 버려지는 플라스틱은 생각보다 인간에게 커다란 영향을 미칩니다. 여러분은 우리가 사는 이 아름다운 지구에 플라스틱 쓰레기가 모여 형성된 섬이 무려 여섯 개 이상이나 바다 위를 떠다닌다는 사실을 알고 있나요? 그중 태평양에 있는 플라스틱 섬은 미국 텍사스 주보다도 더 크다고 해요. 플라스틱 쓰레기를 처리하는 과정에서 나오는 오염 물질은 인류 건강에도 치명적이에요. 그런데 일부 가난한 나라에서는 선진국 사람들이 내다버린 쓰레기를 수입해서 쓸모 있는 금속을 얻은 뒤 플라스틱은 태워서 처리합니다. 결과적으로 플라스틱을 마구 버린 선진국 사람들보다 가난한 나라 사람들이 플라스틱 오염으로 인해 더 큰 피해를 입게 되는 셈이지요.

이 책은 플라스틱을 둘러싼 과학적, 환경적, 사회적 문제들을 빠짐없이 다루고 있습니다. 플라스틱의 역사에서 시작해 플라스틱 오염을 해결하기 위한 인류의 노력들, 플라스틱을 대체할 차세대 원료에 이르기까지 여러분이 몰랐던 플라스틱의 이모저모를 상세히 알려줄 거예요. 플라스틱에 대해 제대로 알게 된다면 우리 삶은 변화할 수밖에 없습니다. 아니, 우리 삶이 변화되어야 하기 때문에 플라스틱이 담고 있는 '불편한 진실'을 알아야 합니다. 부디 이 책이 너무 편리해서 쉽게 사용되는 플라스틱의 '불편한 진실'에 대해 더 많은 '우리'가 관심을 가질 수 있는 계기가 되었으면 합니다. 그래서 더 많은 사람들이 플라스틱 오염 문제를 해결하는 일에 적극적으로 동참하게 되기를 기대해 봅니다.

서울대학교 환경대학원 교수 **윤순진**

들어가며 : 플라스틱으로 만든 섬

1997년, 항해사 찰스 무어 선장은 하와이에서 열린 요트 경기에 참여했습니다. 배를 타고 북태평양을 가로지르던 찰스 선장은 자신의 눈을 의심할 수밖에 없었어요. 찰스 선장의 눈앞에 펼쳐진 바다 위에는 플라스틱 음료수병, 화장품케이스, 비닐봉지, 찢어진 그물이나 어린이 장난감이 한 데 어우러진 거대한 쓰레기 섬이 둥둥 떠다니고 있었거든요. 나중에 밝혀진 사실이지만 이 플라스틱 쓰레기 섬의 면적은 한반도 전체 넓이의 약 일곱 배에 달했다고 해요. 문제는 이 쓰레기 섬이 단지 북태평양에만 나타나는 특이한 현상이 아니었다는 점입니다. 인도양, 대서양 등 세계 곳곳의 바다에서 플라스틱 쓰레기가 모여 형성된 섬들이 발견되었지요. 찰스 무어 선장은 이 사실에 큰 충격을 받고 환경 운동가로 다시 태어났습니다. 현재도 그는 지구를 병들게 하는 플라스틱 오염을 줄이기 위해 세계를 돌며 직접 발로 뛰고 있어요.

플라스틱 섬이 인간을 덮쳐온다

플라스틱 오염이 인간에게 주는 피해는 생각보다 훨씬 심각합니다.

일단 해양 생물들이 바다 위를 떠다니는 플라스틱 조각을 삼켜 질식해 죽는 일이 빈번하게 일어나고 있어요. 인간의 이기심으로 인해 애꿎은 바다 생물들이 피해를 보는 셈이지요. 그런데 피해는 여기서 그치지 않습니다. 바다를 떠도는 플라스틱 조각들은 바닷물이나 햇빛에 의해 아주 작은 조각으로 잘게 부서지기 시작해요. 이렇게 미세한 조각으로 쪼개진 플라스틱은 물고기에게 먹이로 오인받기 십상입니다. 실제로 최근 몇 년간 인도네시아 근해에서 잡힌 물고기를 조사한 결과 약 3분의 1가량의 물고기 내장에서 미세 플라스틱을 검출하였다고 합니다.

이렇게 플라스틱이 몸속에 오랜 시간 체류하면 각종 유해 물질이 나와 물고기의 몸에 흡수됩니다. 그리고 이러한 유해 물질은 이 물고기를 먹은 생물에게 옮겨가지요. 결국 바다에서 이런 저런 식재료를 얻는 우리 인간은 플라스틱 오염의 가장 마지막 피해자가 됩니다. 플라스틱 오염이 심화되면 될수록 우리가 매일 먹는 음식 속에 건강에 치명적인 플라스틱 유해 물질이 녹아 있을 가능성이 점점 높아지게 되는 것이지요.

2050년 지구의 주인은 플라스틱 쓰레기

이처럼 플라스틱 오염이 매우 심각한 결과를 초래할 수 있다는 사실은 잘 알려져 있습니다. 그 때문에 플라스틱을 재활용하거나 대체 소재를 찾기 위한 노력도 전 세계에서 일어나고 있지요. 하지만 플라스틱 사용량은 줄어들지 않고 오히려 점점 늘어나고 있어요. 값싸고, 단단하고, 쓰고 버리기 좋은 플라스틱의 유혹에서 벗어나는 일은 그리 쉽지가 않습니다. 사람들은 플라스틱을 최대한 재활용하려는 움직임을 보이지만 전 세계에서 쓰고 버리는 플라스틱을 전부 재활용한다는 것은 사실상 불가능한 일이지요. 플라스틱 쓰레기의 약 32퍼센트가 매년 강이나 바다로 흘러들어 오염이 심화되고 있고, 특히나 재활용 기술이나 자본이 부족한 개발 도상국에서는 그 정도가 더 심하다고 해요.

전문가들은 이 상태로 플라스틱 오염이 계속될 경우 2050년에 이르면 바다에 물고기보다 플라스틱이 더 많을 것이라고 지적합니다. 현재 인류는 연간 약 800만 톤에 이르는 플라스틱 쓰레기를 바다에 버리고 있는데, 이를 계산하면 1분에 한 번씩 쓰레기차 1대 분량의 플라스틱을 바다에 버리는 셈이라고 해요. 이것이 2050년에는 4배로 늘어 1분당 쓰레기차 4대 분량의 플라스틱을 버릴 것으로 예상하고 있지요.

플라스틱 쓰레기를 줄이기 위해

그렇다면 이러한 플라스틱 오염 문제를 근본적으로 해결할 방법이 없는 걸까요? 이 책에서는 플라스틱이 무엇인지 그리고 플라스틱이 지구 환경에 어떤 문제를 일으키는지 상세하게 살펴보고자 합니다. 플라스틱으로 인한 오염 실태를 정확히 짚고, 플라스틱 오염으로 야기되는 생태적, 사회적, 경제적인 문제들을 해결할 현실적인 방법들을 살펴볼 거예요. 앞서 살펴보았듯이 플라스틱 오염은 이미 상당히 진행되었어요. 이제 우리도 플라스틱 오염이 일으키는 문제에 맞서 무엇을 해야 할지 생각해 보아야 합니다. 또한 플라스틱 오염이 더 확산되는 것을 어떻게 하면 막을 수 있는지 함께 고민해야 합니다. 자, 이제부터 그 진실한 고민을 함께 나눠 보도록 합시다.

1
CHAPTER

플라스틱으로
오염된 세상

플라스틱은 우리 생활에서 사용되지 않는 곳이 없을 만큼 편리한 물질입니다. 그런데 플라스틱의 장점인 '잘 부식되지 않는 특성'이 환경 문제를 야기하기도 합니다. 우리가 흔히 사용하는 일회용 제품은 흔히 플라스틱으로 만들어지는데, 쓰고 버려지면 오랫동안 부식되지 않아서 토양과 해양을 지속적으로 오염시키지요.

예로부터

거북 등딱지와 상아는 아름답고, 강하고, 유연하여 높은 가치를 지녔습니다. 거북 등딱지로는 빗이나 작은 그릇, 상아로는 피아노 건반 같은 것을 만들었어요. 하지만 코끼리의 엄니인 상아와 거북의 등딱지는 구하기가 힘들어 매우 비쌌습니다. 이 때문에 1800년대 중반 무렵부터 과학자들은 상아와 거북 등딱지를 대체할 수 있는 물질을 개발하려고 노력했지요. 하지만 가볍고 튼튼하면서 갖가지 형태로 쉽게 만들 수 있고, 무엇보다 적은 비용으로 대량 생산할 수 있는 물질은 생각보다 쉽게 만들어지지 않았어요.

그런데 1862년, 영국인 발명가 알렉산더 파크신이 마침내 파크신(Parkesine)이라는 물질을 만드는 데 성공했습니다. 파크신은 식물성 섬유에서 만들어진 천연수지 플라스틱이었어요. 그 뒤 1907년에는 벨기에 출신의 미국인 발명가 베이클랜드가 베이클라이트(Bakelite)라는 최초의 합성수지 플라스틱을 만들어 냈습니다. 1933년에는 오늘날 널리 사용하는 플라스틱인 폴리에틸렌(Polyethylene)이 발명되었지요.

| 집중탐구 | 베이클라이트 |

1907년에 개발된 최초의 인조 합성수지 플라스틱인 베이클라이트는 절연성이 뛰어나고 부식되지도 않으면서 가볍고 튼튼하다. 쉽게 녹아내리던 초기의 천연수지 플라스틱과는 달리 베이클라이트는 강한 압력과 높은 온도 속에서도 모양을 유지했다. 또한 빨리 굳고 쉽게 성형되어 저렴하게 대량 생산할 수 있었다. 베이클라이트는 1920년대에서 1930년대에 걸쳐 전화, 시계, 라디오 등 다양한 제품을 만드는 데 사용되었다. 제2차 세계 대전으로 구리가 부족해지자 미국 정부가 베이클라이트로 동전을 만들 것을 검토할 정도였다. 하지만 그 뒤 베이클라이트는 더 빨리 만들 수 있고 값도 싼 새로운 플라스틱 제품군으로 점차 대체되었다.

유용한 플라스틱

오늘날까지 다양한 유형의 플라스틱 제품들이 개발되고 상용화되었어요. 우리는 일상생활에서 플라스틱 제품을 정말로 많이 사용합니다. 치약 튜브부터 여러분이 앉아 있는 교실 의자에 이르기까지 플라스틱은 우리 주변 어디에서나 볼 수 있지요. 플라스틱은 장난감, 컴퓨터, 휴대 전화와 같은 전자 제품의 주요 부품 소재이며, 가정에 설치된 파이프나 자동차의 부품, 비행기나 로켓에까지 사용되고 있어요. 심지어 피부 각질을 제거해 주는 스크럽이라는 화장품 속에도 미세 플라스틱 조각이 들어가 있답니다. 이처럼 플라스틱은 우리 주변의 생활 환경 곳곳에서 찾아볼 수 있습니다.

케블러는 세상에서 가장 강한 플라스틱 가운데 하나로, 방탄조끼나 방탄복을 만드는 데 사용된다.

플라스틱은 전기나 열이 잘 통하지 않는 것이 큰 특징입니다. 그래서 단열재나 절연재로 많이 사용됩니다. 또한 가볍고 튼튼하여 생활 용품부터 산업 용품에 이르기까지 다양한 용도의 제품에 쓰이지요. 게다가 플라스틱은 유연하면서도 아주 강해요. 심지어 금속보다 질기고 단단한 플라스틱도 있지요. 그런데 안타깝게도 플라스틱은 한 번 쓰고 버리는 일회용 제품을 만드는 데 많이 쓰인답니다. 음료수 병, 슈퍼마켓의 쇼핑백, 포크·나이프·숟가락 같은 식기류를 비롯해 펜, 플라스틱 접시 등이 그 대표적인 예지요.

집중탐구 플라스틱은 왜 많이 사용될까?

- 플라스틱은 튼튼해서 오래 써도 쉽게 닳지 않으며, 잘 깨지지 않아 액체류를 보관하기에 알맞다. 그래서 대개 액체 세제는 플라스틱 용기로 포장해 판매한다.
- 플라스틱은 열전도율이 낮고, 전기 저항이 크다. 그래서 냄비나 프라이팬 손잡이에 플라스틱을 많이 사용한다. 또한 각종 전자 제품의 껍데기나 전기 콘센트, 전선 등에 전기가 통하지 않는 플라스틱을 사용한다.
- 플라스틱은 돌과 콘크리트, 강철, 구리, 알루미늄보다 훨씬 가볍다. 그래서 쓰임새가 다양하다.
- 플라스틱은 매우 유연해서 여러 가지 모양으로 만들 수 있고, 다양한 용도로 사용할 수 있다. 아주 가는 실로 뽑아 낼 수도 있고, 자동차 계기판이나 범퍼 같은 큼직한 부품으로 찍어 낼 수도 있다. 투명하게 만들어 컵으로 대량 생산할 수도 있고, 열에 강한 플라스틱은 헤어드라이어나 전기 주전자 등에 사용하기도 한다. 다른 용액과 혼합하여 접착제나 페인트를 만들기도 한다.
- 플라스틱은 만들기에 따라 독특한 재질로 가공할 수 있고, 색깔 역시 자유자재로 만들어 낼 수 있다. 동일한 플라스틱 원료로 면, 실크, 울 같은 부드러운 촉감의 인조 섬유로 제조하기도 하고, 도자기나 대리석처럼 돌 같은 느낌을 주는 제품을 생산할 때도 이용된다. 심지어 알루미늄이나 아연 같은 금속과 흡사한 플라스틱도 있고, 투명해서 필름으로 사용할 수 있는 플라스틱도 존재한다.

플라스틱의 어두운 면

플라스틱은 우리 생활에서 사용되지 않는 곳이 없을 만큼 편리한 물질입니다. 그런데 플라스틱의 장점인 '잘 부식되지 않는 특성'이 환경 문제를 야기하기도 합니다. 우리가 사용하는 일회용 제품은 흔히 플라스틱으로 만들어지는데, 쓰고 버려지면 오랫동안 부식되지 않아서 토양과 해양을 지속적으로 오염시키지요. 또한 플라스틱이 **분해**될 때는 인체에 해로운 물질까지 나와요. 이외에도 화장품 등에 사용되는 미세 플라스틱 조각들이 바다로 흘러들어 가서 해양 생태계를 오염시키기도 합니다. 이러한 미세 플라스틱은 하수 처리장에서조차 걸러 내지 못하기 때문에 큰 문제가 되고 있지요.

플라스틱은 잘 사용하면 매우 유용하고 편리한 도구입니다. 하지만 최근 플라스틱이 토양과 해양을 오염시키는 주범이라는 사실이 널리 알려지면서 플라스틱 사용을 제한해야 한다는 목소리가 커지고 있어요.

플라스틱은 어떻게 만들까?

플라스틱의 원료는 석유입니다. 석유를 가열하여 **정제**하면 플라스틱을 이루는 기본 구성물인 에틸렌과 프로필렌이 만들어져요. 에틸렌과 프로필렌을 다른 화학 물질과 결합시키면 플라스틱 **중합체**가 만들어지지요. 여기서 중합체란 탄소, 수소, 산소, 규소 등과 같은 화학 물질이 연결되어 있는 것으로, 우리가 플라스틱이라고 말하는 물질은 모두 중합체예요. 하지만 모든 중합체가 플라스틱인 것은 아니에요. 예를 들어 셸락 같은 천연수지, 타르, 뿔, 거북 등딱지 등은 플라스틱이 아니지만 중합체지요. 사실 금속과 도자기를 제외한 거의 모든 물질은 중합체입니다. 우리 몸의 단백질도 중합체지요.

이렇게 만들어진 플라스틱 중합체에 화학 물질을 섞은 다음 열을 가한 뒤 틀에 붓습니다. 그럼 작은 알갱이나 가루, 얇은 판, 반죽 덩어리 등과 같은 여러 가지 형태의 플라스틱이 만들어집니다. 이는 아직 미가공 상태의 플라스틱이지요. 플라스틱 제조업체는 미가공 플라스틱에 다시 열을 가하고, 유연성과 강도를 높이기 위해 가소제를 첨가해서 우리가 생활 속에서 접하는 갖가지 플라스틱 제품을 생산합니다.

플라스틱은 크게 두 가지 종류로 나뉩니다. 열가소성 수지와 열경화

▌ 플라스틱은 석유로 만들어진다.

성 수지이지요. 열가소성 수지는 열을 가할 때마다 녹아서 다른 형태로 만들기 쉬워요. 그래서 재활용이 용이하지요. 반면 열경화성 수지는 한 번 열을 가해 제품을 만들고 나면 두 번 다시 열에 녹지 않습니다. 열을 가하면 타서 가루가 되거나, 유독한 가스를 내뿜고 말지요. 열경화성 수지는 재활용할 수 없는 플라스틱이랍니다.

플라스틱의 문제점

앞서 알아본 것처럼 플라스틱은 놀랍도록 유용한 물질입니다. 플라스틱이 없다면 인간의 삶은 지금보다 훨씬 불편했을 거예요. 하지만 플라스틱이 주는 편리함에는 대가가 따릅니다. 그 대가란 바로 환경 문제지요. 플라스틱은 땅에 묻어도 썩지 않고 되레 해로운 물질들을 끌어들이는 경향이 있습니다. 소각할 경우에는 유해한 가스를 발생시키지요. 바다와 육지에서 플라스틱이 일으키는 위험도 더는 간과할 수 없는 수준입니다. 더욱 큰 문제는 일회용 제품이 대부분 플라스틱으로 만들어지기 때문에 쉽게 버려진다는 거예요.

최근의 변화

1980년대에 플라스틱 오염은 눈으로도 쉽게 확인할 수 있을 만큼 심각해졌습니다. 해안가에는 플라스틱 병들이 즐비했고, 나뭇가지에는 플라스틱으로 만든 쇼핑백이 펄럭거렸지요. 강과 바다 이곳저곳에 플라스틱으로 만든 일회용 접시들이 떠다니거나, 물살에 떠밀려 물가를 맴돌았습니다. 분해되지 않는 플라스틱은 사라지기는커녕 자꾸만 쌓여 갔어요.

▌ 플라스틱이 세상을 가득 뒤덮고 있다.

게다가 부서진 플라스틱 조각들이 바다에 떠다니며 더 큰 환경 문제를 일으켰지요. 그런데도 사람들은 플라스틱으로 만든 일회용 제품을 끊임 없이 쓰고 있습니다. 플라스틱 제품은 대량 생산이 가능해서 저렴하고, 한 번 쓰고 버리니 위생적이라는 인식이 만연했기 때문이지요.

　그 결과 쓰레기 **매립지**는 썩으려면 수천 년이 걸릴지도 모르는 플라 스틱 제품들로 포화 상태를 이루었습니다. 가방, 맥주잔, 병과 용기, 전 자 제품 등 수십 년 전 매립지에 묻혔던 플라스틱들을 지금 파 보면 매립 하던 때와 거의 같은 모습을 하고 있는 걸 알게 돼요. 이렇게 플라스틱은 썩지 않은 채로 유해 성분을 내뿜으면서 살아 있는 생물의 건강을 위협

하고, 먹이 사슬을 통해 사람이 먹는 음식에도 해로운 자취를 남깁니다.

사람들은 이제 조금씩 플라스틱의 위험성을 자각하게 되었어요. 쉽게 만들고 쉽게 소비할 수 있는 플라스틱 제품의 유용성보다, 대량으로 버려지며 분해되지 않는다는 문제점에 더욱 눈을 돌리게 된 것이지요.

간추려 보기

- 플라스틱은 튼튼하고 열전도성이 낮으며 저항력이 우수하여, 생활 용품부터 산업 용품에 이르기까지 다양한 용도로 사용된다.
- 플라스틱은 석유를 재료로 만든다. 플라스틱에는 성형 뒤에도 다시 녹여서 다른 형태로 재활용이 가능한 열가소성 수지와 한 번 만들어지면 재가공이 불가능한 열경화성 수지가 있다.
- 플라스틱은 일회용 제품이 많아 쉽게 버려지는 데다가, 잘 분해되지도 않아서 환경 오염을 심화시키고 있다.

해양의 플라스틱 오염

오늘날 바다로 흘러들어 간 플라스틱은 무려 1억 5,000만 톤으로 추정 됩니다. 바다를 항해하는 거대한 화물 전용선 한 대당 25만 톤의 플라스틱 쓰레기를 싣는다고 가정해 봅시다. 전 세계 바다에 떠다니는 플라스틱을 모두 싣기 위해서는 화물 전용선이 600대나 필요하지요. 그런데 600대는 전 세계에 있는 화물 전용선 수의 17퍼센트에 해당하는 수랍니다.

찰스 무어

는 배를 모는 선장으로, 1999년 알갈리타 해양연구재단을 설립한 환경 운동가입니다. 찰스 무어는 1997년 태평양 횡단을 시작하며, 북태평양 끝에서 북태평양 해양 환류를 가로지르는 지름길로 항해하기로 결정했어요. 환류(環流)는 해양 기류의 영향으로 생긴 해류 여럿이 모여 물의 흐름이 커다란 소용돌이를 이룬 것을 말합니다. 일단 환류 속으로 들어간 물체는 혼자 힘으로는 좀체 그곳을 빠져 나가지 못하지요. 그런데 그곳에서 무어는 예전에는 한 번도 보지 못했던 장면을 보게 되었어요.

"나는 대양 한복판에 있었습니다. 그런데 언젠가부터 샴푸 뚜껑, 비누병, 비닐봉지, 낚시찌 등이 아주 멀리에서도 보였습니다. 그리고 어느 순간부터는 바다가 온통 플라스틱 천지였지요."

무어는 자신이 발견한 사실을 해양 과학자인 커티스 에베스메이어에게 들려주었습니다. 그러자 에베스메이어는 그 지역을 '동쪽 쓰레기 지대'라고 불렀고, 이후 언론에는 '태평양 거대 쓰레기 지대'라고 소개했습니다. '태평양 거대 쓰레기 지대'는 태평양 북쪽의 넓은 지역으로, 산더미 같은 플라스틱 **잔해**가 둥둥 떠다니는 곳이지요.

태평양
거대 쓰레기 지대

북태평양 해양 환류

태평양

▌ 태평양 거대 쓰레기 지대의 범위는 아주 넓다.

얼마나 널리 퍼졌는가?

몇몇 해양 과학자들은 쓰레기가 환류에 집중적으로 모여 있다고 생각
했습니다. 무어의 발견은 이런 과학자들의 주장을 증명해 주는 것처럼 보
였지요. 무어의 초기 보고에서 쓰레기 지대는 눈에 보이는 곳마다 쓰레기
들이 둥둥 떠다니는 별개의 거대한 지역처럼 보였거든요. 그러나 사실은
다릅니다. 북태평양은 물론 세계 해양은 이미 플라스틱 오염이 많이 진행
된 상태였어요. 그저 수면 위만 정상으로 보일 뿐이였지요.

과학자들은 촘촘한 그물을 바다에 던져 플라스틱 조각과 **너들**을 수집
했어요. 너들은 플라스틱 제품의 원료인 단단한 플라스틱 알갱이인데,
크기가 0.0001에서 5밀리미터 이하로 거의 눈에 띄지 않는 미세 플라스
틱이에요. 너들은 한꺼번에 많은 양을 배에 실어 운송하는 편이 경제적

찰스 무어는 태평양 거대 쓰레기 지대를 발견한 사람이다. 그는 정도의 차이가 있을 뿐 거의 대부분의 바다가 인간이 만든 플라스틱으로 인해 오염되어 있다고 주장한다.

이라서 매년 1억 톤 가량의 너들이 배를 통해 운반됩니다. 너들 1킬로그램은 대략 1만~1만5천 개 정도의 너들로 이루어져 있고, 배 한 척에는 대략 10억 개 정도의 너들이 실리지요.

그런데 안타깝게도 너들은 자꾸만 바다에 쏟아져요. 진공 호스로 컨테이너 탱크에서 공장으로 옮겨질 때 떨어지기도 하고, 철길에 떨어진 다음 폭풍에 쓸려 바다까지 흘러가기도 합니다. 현재 전 세계 바닷가 쓰레기의 10퍼센트 정도가 너들이지요.

너들을 비롯한 플라스틱 조각들은 수백만 킬로미터 떨어진 해양까지 흘러들어 가고, 바다 깊숙이 가라앉습니다. 따라서 쓰레기 지대가 실제로 얼마나 큰지, 어디에서 시작되어 어디에서 끝나는지 말하기란 쉽지 않지요. 몇몇 해양 과학자들은 태평양뿐 아니라 대서양과 인도양에도 쓰레기 지대가 존재한다고 주장합니다.

플라스틱 쓰레기로 가득한 해양

1992년, 미국 시애틀로 향하던 중국 선박에서 플라스틱 장난감을 가득 실은 컨테이너 20개가 바다에 빠졌습니다. 그런데 사고가 발생한 2년 뒤인 1994년, 선박에서 떨어진 장난감이 알래스카 해안에 나타났어요. 2000년에는 아이슬란드에서 플라스틱 장난감이 발견되었지요. 그 뒤 북극과 태평양과 대서양에서도 플라스틱 장난감이 나타났습니다. 이 일로 인해 바다 위를 떠다니는 플라스틱 쓰레기가 실제로 전 세계 바다를 부유하고 있음이 증명되었어요.

오늘날 바다로 흘러들어 간 플라스틱은 무려 1억 5,000만 톤으로 추정됩니다. 바다를 항해하는 거대한 화물 전용선 한 척당 25만 톤의 플라스틱 쓰레기를 싣는다고 가정해 봅시다. 전 세계 바다에 떠다니는 플라스틱을 모두 싣기 위해서는 화물 전용선이 600척이나 필요하지요. 그런데 600척은 전 세계에 있는 화물 전용선 수의 17퍼센트에 해당하는 수랍니다.

하지만 놀랍게도 해양 오염을 일으킨 플라스틱 가운데 배에서 나온 쓰레기나 버려진 낚시 도구 등 해양과 관련된 쓰레기는 20퍼센트에 불과합니다. 나머지 80퍼센트는 건설 현장, 항구, 공장, 쓰레기통, 트럭, 매립지에서 흘러나온 쓰레기 등 육지와 관련된 플라스틱 쓰레기들이지요. 너들과 **폴리스티렌** 조각을 제외하면 플라스틱 오염을 가장 많이 일

으키는 것은 음식물 용기와 포장지예요. 비닐봉지를 포함한 음식물 용기
와 포장지는 해양 플라스틱 쓰레기의 대부분을 차지합니다.

사례탐구 프로젝트 카이세이

  프로젝트 카이세이는 태평양 거대 쓰레기 지대를 조사하는 단체다. 사
람들에게 해양 오염의 실태에 대해 알리고, 해양을 깨끗이 하기 위해 노력
한다. 프로젝트 카이세이가 설립된 초기에는 그물을 써서 직접 플라스틱
잔해들을 수거하기도 했다. 쓰레기 지대의 상태와 범위에 대한 정보를 대
중에게 알리는 것 또한 프로젝트 카이세이의 중요한 임무다.

미국 캘리포니아 샌프란시스코 만에 있는 이 배의 이름은 카이세이다. 카이세
이 호의 임무는 태평양 거대 쓰레기 지대에 대해 사람들에게 알리는 것이다.

점점 늘어나는 플라스틱 쓰레기

플라스틱 쓰레기는 양이 많은 것도 문제지만 빠른 속도로 증가한다는 게 더 큰 문제예요. 환경 연구원들은 1997년~2007년 동안 태평양 거대 쓰레기 지대에서 플라스틱 쓰레기의 양이 5배 늘어났다고 추정하고 있습니다. 게다가 육지에서 멀리 떨어진 해양 쓰레기 지대에서만 플라스틱 쓰레기가 늘어난 것이 아닙니다. 일본의 해안 근처에서는 바닷물 위를 떠다니는 플라스틱 조각이 1970~1980년대 사이에 무려 10배나 늘었어요. 1990년대에 들어서는 플라스틱 조각이 2~3년 주기로 10배 늘어났지요. 1990년대 초기 몇 년 동안 남극 대륙을 둘러싼 남극해에서는 플라스틱 잔해가 이전보다 100배나 늘어났고요.

그런데 놀랍게도 플라스틱 잔해가 급격하게 증가한 시기는 전 세계에서 플라스틱 섬유 생산이 4배로 늘었던 시기와 일치합니다.

플라스틱 분해

예전에 과학자들은 못 쓰게 된 플라스틱을 분해하려면 아주 높은 열

알아두기

- 전 세계에서 매해 3억 톤의 플라스틱이 생산된다.
- 이들 중 단지 10퍼센트만이 재활용된다.
- 버려지는 플라스틱 중 매해 약 700만 톤이 바다로 흘러든다.

을 가해야 한다고 생각했어요. 자연 상태에서 플라스틱이 분해되려면 수백 년의 시간이 필요하다고 추정했지요. 그러나 바닷물 속에서 플라스틱은 상당히 빠르게 분해됩니다. 대략 1년 정도면 분해가 시작되지요. 또한 분해가 가능한 온도라고 예상했던 것보다 더 낮은 온도인 섭씨 30도에서도 분해가 일어났어요.

플라스틱의 분해가 과거에는 그리 걱정할 만한 일처럼 생각되지 않았어요. 나무와 종이가 주변에 해를 끼치지 않고 분해되는 것처럼 플라스틱 역시 자연적인 과정을 거치면서 분해될 거라고 여겼거든요. 하지만 플라스틱의 분해는 나무와 종이의 분해와는 다르다는 사실이 밝혀졌어요. 플라스틱은 나무와 종이처럼 빠르게 분해되지 않고, 완전히 분해되지도 않았어요. 설상가상으로 분해되는 과정에서 환경에 유해한 물질이 배출되었지요. 그래서 많은 사람들이 플라스틱 오염을 걱정하게 되었어요.

플라스틱은 분해되는 과정에서 바다에 톡신이라는 독성 성분을 배출해요. 플라스틱 분해가 진행 중인 바닷물에는 폴리스티렌과 **비스페놀 A**(BPA)가 결합한 유독성 합성물이 포함되어 있습니다. 이 유독성 합성물은 바다에서 자연스럽게 발생한 것이 아니라, 분해 과정에 있는 플라스틱에서 만들어진 거예요. 그 결과 바다 생물들은 플라스틱에서 나오는 화학 물질의 독성에 항상 노출된 채 살아갑니다.

분해 과정에서 나오는 유독 성분만 문제가 아닙니다. 플라스틱 자체에 묻어서 세계 곳곳에 옮겨 다니는 유독 성분도 무시할 수 없지요. 플라스틱은 바다를 떠다니다가 해양 사고로 유출된 석유와 같은 각종 화학 물질로 뒤범벅됩니다. 석유 등 끈적끈적한 물질로 범벅이 된 플라스틱은 이와 접촉하는 바다 생물에게도 치명적이지요.

　플라스틱 오염으로 바다 생물이 받는 위협은 인간에게도 위협이 됩니다. 바다 생물이 플라스틱과 함께 섭취한 오염 물질이 생태계의 먹이 사슬을 따라 이동하며 점점 중첩되다가 나중에는 먹이 사슬의 맨 끝에 있는 인류의 식탁에까지 올라오기 때문이지요.

바다 생물의 피해

　2012년, 생물다양성협약(CBD)에서는 해양 쓰레기로 인해 피해를 받은 생물이 무려 663종이나 된다고 밝혔습니다. 그중 생명을 위협할 만큼 유해한 쓰레기 가운데 플라스틱이 차지한 비중은 80퍼센트 이상이었어요.

▌북태평양 환류 지역에 있는 플라스틱 오염 지대에서 가져온 샘플이다.

바다 생물들은 플라스틱으로 인해 삶의 터전을 위협 받으며, 상처 입고 심지어 죽기도 합니다. 매년 바다거북 종의 86퍼센트, 바닷새 종의 44퍼센트, 바다 포유동물 종의 43퍼센트가 플라스틱 쓰레기에 의해 피해를 입는다고 해요.

바다를 떠다니는 비닐봉지를 삼킨 바다 생물은 서서히 굶어 죽어요. 비닐봉지의 원료인 플라스틱을 소화시킬 수가 없기 때문이에요. 이뿐만이 아니에요. 비닐봉지가 목에 걸려 질식해 죽을 수도 있고, 비닐봉지에 몸체가 얽혀 발이 묶인 채 죽을 수도 있어요. 해마다 전 세계에서 수많은 물고기가 플라스틱 쓰레기와 비닐봉지 때문에 죽어 갑니다. 약 100만 마리의 새들과 10만 마리가 넘는 고래, 바다표범, 바다거북도 플라스틱 오염 때문에 죽음을 맞이하고 있지요.

바다 위에서 먹이를 찾는 바닷새는 물 위를 떠다니는 플라스틱 쓰레기를 먹이로 착각하여 쓰레기를 먹어요. 그러다 보니 바닷새 새끼의 98퍼센트가 내장에 플라스틱을 지니고 있다고 해요. 게다가 어린 바닷새가 먹는 플라스틱의 양은 시간이 지날수록 점점 더 늘어나는 추세라고 합니다.

부리고래는 비닐봉지를 종종 삼킵니다. 비닐봉지가 부리고래의 먹이인 오징어와 비슷하게 생겼기 때문이지요. 비닐봉지가 목에 걸리면 질식할 수도 있고, 장에 비닐봉지가 들어가면 소화를 시키지 못해 큰 고통을 겪을 수도 있어요. 흰돌고래와 청고래는 비닐봉지가 수염에 걸려드는 바람에 곤욕을 치르는 일이 잦아요.

지중해의 나라 이탈리아의 동편에는 아드리아 해가 있습니다. 아드리아 해는 수심이 얕아 거북이 살기 좋은 곳이지요. 하지만 아드리아 해의

▌물고기가 물 위를 떠다니는 폴리에틸렌 비닐 안에 갇힌 채 발견되었다.

해저는 유럽에서 오염이 극심한 곳 가운데 한 곳이에요. 아드리아 해에
사는 붉은거북은 세 마리 중 한 마리꼴로 장에 플라스틱을 지닌 채 살고
있지요.

　호주 퀸즐랜드의 모턴 만에 사는 푸른거북과 대모거북도 비닐봉지 쓰
레기 때문에 죽어 가고 있어요. 이 지역에서 죽은 거북 중 약 40퍼센트
가 장에 비닐봉지와 플라스틱 조각이 들어 있는 것으로 밝혀졌습니다.
부리고래가 비닐봉지를 오징어로 잘못 알았듯이, 푸른거북과 대모거북
도 비닐봉지를 해파리로 착각했던 거예요. 46센티미터밖에 안 되는 거
북의 위장에서 비닐봉지, 랩, 나일론 줄, 사탕 껍질, 풍선 등 50개가 넘
는 플라스틱 조각이 발견된 적도 있지요.

먹이 사슬에서의 플라스틱

2008년, 태평양 해류 항해에 오른 연구원들은 물고기가 플라스틱 조각과 잔해를 섭취하고 있다는 사실을 알게 됐어요. 항해 중 잡은 672마리의 물고기 가운데 35퍼센트가 플라스틱 조각을 섭취하고 있었지요. 플라스틱에 포함된 독성 성분은 몸 밖으로 배출되지 않고 점점 쌓여 먹이 사슬의 위로 올라갈수록 더 많이 축적되는 경향이 있어요. 물고기가 플라스틱을 먹고, 그 물고기를 그보다 큰 물고기가 잡아먹는 거지요. 덩치가 큰 물고기일수록 물고기 몸 안의 **독소**는 점점 늘어납니다. 그러다 결국에는 사람이 플라스틱 독성 성분이 축적된 물고기를 먹게 되는 일이 생기지요.

유럽식품안정청(EFSA)은 21개 유럽 국가에서 사람들이 먹는 7,000여 종의 식재료와 동물 사료를 분석한 뒤, 식품에서 독소가 얼마나 발견되었는지 보고했습니다. 보고서에 따르면, 물고기 간과 물고기 기름에 독소가 가장 많았으며, 조사한 물고기 중 8퍼센트가 **유럽 연합**법(European Union legislation)에서 허용하는 최대치를 초과한 독소를 갖고 있었지요.

물고기가 섭취한 플라스틱이 사람에게 주는 피해가 어느 정도인지는 아직 정확히 밝혀지지 않았습니다. 비스페놀A 이외에도 폴리염화비페닐과 DDT 같은 독성 성분이 있는데, 플라스틱은 이러한 독성 성분을 흡수하지요. 독성 성분을 흡수한 플라스틱을 바다에 사는 물고기가 먹고 체내에 독소를 축적합니다. 그러나 플라스틱을 먹는 물고기 종이 얼마나 많은지, 그 수가 어느 정도인지는 정확히 모릅니다. 또한 오염된 플라스틱 조각을 얼마나 섭취해야 독소가 물고기의 지방 조직에 축적되는지,

❚ 필리핀 마닐라에 있는 이 강은 플라스틱 병으로 꽉 차 버렸다.

사람이 물고기를 섭취할 때 어떤 부위의 독소에 영향을 받는지도 아직 정확히 밝혀지지 않았지요. 하지만 확실한 것은 먹이 사슬의 맨 끝에 놓인 사람들도 결코 독소에서 안전할 수 없다는 거예요.

플라스틱으로 인한 또 다른 문제

만, 백사장, 하구에 가득 들어찬 플라스틱으로 사람들도 불편을 겪고 있습니다. 일단 플라스틱 쓰레기가 해안가에 가득 차면 사람들은 수영을 즐길 수 없고, 육지 주변 바다가 플라스틱으로 오염되면 수산물 또한 오염됩니다. 실제로 최근 수산물에서 건강에 해로운 성분이 검출된다는 연구 결과가 늘어나기도 했지요. 또한 플라스틱 쓰레기를 치우려면 인력이 들기 때문에 돈도 많이 들지요. 게다가 플라스틱 오염은 관광객이 어촌 마을을 관광하는 것을 피하게 하므로 지역 전체에 경제적인 타격을 주기도 해요.

한 예로 자메이카는 열대 폭풍우에 플라스틱 병이 휩쓸려 날아와 엄청나게 쌓이는 바람에 항구를 치우는 데만 18만 파운드 이상의 비용을 치러야 했어요. 원래 열대 폭풍우가 자주 발생하는 마을에는 청소를 해도 이듬 해에 또 플라스틱 병 등의 쓰레기가 쌓인다고 해요. 자메이카는 그 뒤 관광객 수가 줄어들어 경제적으로 엄청난 손해를 보았고, 주민들의 삶은 곤경에 빠졌지요.

이렇듯 특히 **개발 도상국**에서 해안이 플라스틱 쓰레기로 오염되면 관

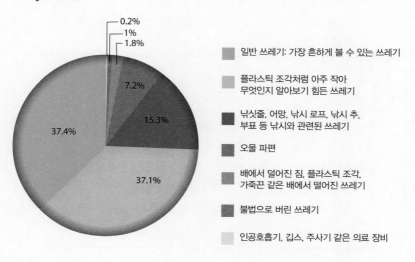

다음은 2010년 어느 주말, 영국의 해변 167킬로미터를 조사하여 발견된 쓰레기를 분류한 그래프다.

0.2%
1%
1.8%
7.2%
15.3%
37.4%
37.1%

- 일반 쓰레기: 가장 흔하게 볼 수 있는 쓰레기
- 플라스틱 조각처럼 아주 작아 무엇인지 알아보기 힘든 쓰레기
- 낚싯줄, 어망, 낚시 로프, 낚시 추, 부표 등 낚시와 관련된 쓰레기
- 오물 파편
- 배에서 덜어진 짐, 플라스틱 조각, 가죽끈 같은 배에서 떨어진 쓰레기
- 불법으로 버린 쓰레기
- 인공호흡기, 깁스, 주사기 같은 의료 장비

광 산업뿐 아니라, 지역 주민이 살아가는 터전 자체에 큰 영향을 받게 돼요. 쓰레기로 물길이 막히면 사람들이 자유롭게 부두를 오갈 수 없고, 배가 출항하기도 힘들어집니다. 어업으로 살아가는 마을 사람들은 고기잡이나 양식장 운영이 힘들어지지요.

간추려 보기

- 플라스틱 쓰레기는 그 양이 많을 뿐만 아니라 빠른 속도로 증가하면서 전 세계 바다를 오염시키고 있다.
- 플라스틱에서 바다로 유출된 독소 성분은 해양의 동식물들에게 유해하며, 먹이 사슬을 거쳐 인간의 건강에도 악영향을 준다.
- 플라스틱 쓰레기는 해안가를 오염시키고, 생활 환경을 파괴한다.

육지의 플라스틱 오염

매립지에 비가 내리면 빗물은 쓰레기를 씻어 낸 다음 땅으로 스며들지요. 이 과정에서 빗물이 쓰레기에 있는 화학 성분을 흡수한 뒤 매립지 깔판을 통해 새어 나갑니다. 즉, 플라스틱 쓰레기에서 나온 화학 성분을 흡수한 빗물이 지하수로 흘러들어 가서 지하수를 오염시키는 거예요.

바다뿐만 아니라 육지에서도 플라스틱 오염은 광범위하게 나타납니다. 이에 문제 의식을 품고 플라스틱으로 인한 환경 오염 문제를 해결하기 위해 노력하는 사람들이 생겨났지요. 그중 스테파니 바거는 건초나 유제품을 담았던 플라스틱 포장을 모아서 재활용하는 프로그램을 개발하고 있습니다. 농장에서 사용되는 플라스틱 쓰레기를 연료로 바꾸는 연구도 진행하고 있지요. 최근 바거는 농장에서 많이 사용하는 플라스틱을 울타리 기둥이나, 쓰레기 봉투로 재활용할 수 있는 방법을 다각도로 고민 중이에요.

알아두기

사막에 사는 동물도 플라스틱 오염으로 고통받고 있다. 사막을 여행하는 사람들이 버리고 간 플라스틱 쓰레기를 먹이로 착각해 먹기 때문이다. 동물이 플라스틱을 먹으면 플라스틱이 내부 장기에 걸려 질식하거나 굶어 죽게 된다. 사막에 사는 낙타, 양, 염소, 소, 아라비아오릭스, 샌드가젤 등이 지금도 플라스틱을 먹고 죽어 가고 있다.

농장과 플라스틱 오염

사람들은 농장 일이 자연과 함께하는 일이어서 플라스틱과 관련이 없을 것이라고 생각합니다. 그런데 사실 농장에서는 우유병이나 동물 사료 포장지, 건초 가마니 등 다양한 종류의 플라스틱 제품을 많이 사용합니다. 우리 생활의 많은 영역에서 플라스틱이 천연 물질을 밀어냈듯이 농장에서도 **사일로**, 온실, 노끈 등의 플라스틱이 천연 물질을 대체한 경우가 많지요. 플라스틱은 튼튼하고 질기기 때문에 농장에서도 쓰임새가 많습니다. 게다가 플라스틱 제품은 가격이 저렴하고, 가벼워서 다루기도 쉽지요.

문제는 농장에서 플라스틱을 주의 깊게 처리하지 않는다는 점에 있어

▌ 농장에 있는 건초 더미는 비닐로 포장하는 경우가 많다.

요. 농장에서 버린 플라스틱 가운데 절반 가량은 소각됩니다. 그 편이 더 편하고, 비용도 덜 들기 때문이지요. 하지만 플라스틱은 태우는 과정에서 비스페놀A 같은 위험한 화학 물질을 공기 중으로 배출합니다. 때로는 플라스틱 쓰레기를 땅에 묻기도 하는데, 땅에 묻힌 플라스틱 쓰레기는 잘 썩지 않아 야생 동물에게 큰 위협이 되지요.

동물의 피해

2008년 11월, 호주에서 몸길이 3.5미터의 악어가 죽은 채 발견되었습니다. 이 악어는 정부의 '야생 동물 추적 프로그램 대상'이었는데, 이 악어의 배 속에는 25개의 비닐봉지와 쓰레기 봉투가 들어 있었어요. 이렇게 플라스틱 오염이 주는 피해는 많은 야생동물에게 피할 수 없는 운명이 되고 있지요.

많은 사람들이 환경을 지키고 야생 동물을 보호해야 한다는 주장에 공감합니다. 하지만 플라스틱이 환경과 야생 동물에게 끼치는 위험성을 고려하더라도, 플라스틱 용기의 편리함이 주는 효용이 더 크다고 생각하는 사람들도 적지 않습니다.

플라스틱의 독성 성분

비스페놀A는 각종 플라스틱 제품들에서 검출되고 있습니다. 그 예로는 CD, 전자 제품, 자동차, 스포츠 안전 장비, 음식물 포장재, 아기 우유병, 음료수 병 등 매우 많아요. 이처럼 우리는 일상생활에서 흔히 사용하는 플라스틱 제품을 통해 비스페놀A와 접합니다. 비스페놀A를 차단한 생활이 현실적으로 아예 불가능하다고 할 수 있지요. 그로 인해 최근에는 자연스레 비스페놀A가 인간 건강에 미치는 영향에 관심이 모아지고 있어요.

비스페놀A는 플라스틱 병이나 음식 보관 용기에서 쉽게 배어 나올 수 있기 때문에 자신도 모르게 비스페놀A를 먹을 수 있어요. 현대인에게 유방암과 전립선암이 증가하고, 생리 주기가 바뀌는 여성이 늘어난 것도 비스페놀A와 큰 관련이 있다고 해요. 그런데 그동안 진행된 몇몇 연구에 따르면 사람은 의외로 비스페놀A를 쉽게 소화시킬 수 있다는 연구 결과도 있어요. 그러나 이렇게 소화된 비스페놀A가 인간 건강에 얼마나 해로운지는 아직 정확하게 밝혀지지 않았어요.

또한 플라스틱을 만들 때는 인간에게 유해한 '프탈레이트'라고 불리는 연화제가 첨가됩니다. 플라스틱을 부드럽고 유연하게 만들기 위해 사용되는 물질이에요. 그런데 문제는 아이들이 갖고 노는 장난감을 만드는데도 프탈레이트가 사용된다는 거예요. 아이들은 어른보다 독소에 훨씬 취약해서 프탈레이트에 노출되면 그만큼 더 치명적일 수 있지요. 그래서 유럽 연합은 장난감에 프탈레이트 사용을 금지하고 있습니다.

매립지

도시에서는 쓰레기를 매립지에 버립니다. 매립지는 쓰레기를 산처럼 쌓아 놓은 지역이에요. 그런데 매립지에 들어오는 쓰레기 중에는 플라스틱 쓰레기가 상당 비율을 차지해요. 플라스틱 제품의 93퍼센트가 사용된 뒤 매립지로 들어오기 때문에 플라스틱 쓰레기의 양은 그야말로 놀랄 정도로 많지요. 일례로 영국에서만 해도 매년 100억 개의 플라스틱 병이 폐기처분된다고 해요. 하지만 플라스틱 병은 많은 플라스틱 제품 가운데 가장 대표적인 예에 불과해요. 앞서 알아본 것처럼, 식품 포장 용기와 비닐까지 합치면 그 양이 어마어마합니다.

매립지에 비가 내리면 빗물은 쓰레기를 씻어 낸 다음 땅으로 스며들지요. 이 과정에서 빗물이 쓰레기에 있는 화학 성분을 흡수한 뒤 매립지 깔판을 통해 새어 나갑니다. 즉, 플라스틱 쓰레기에서 나온 화학 성분을 흡수한 빗물이 지하수로 흘러들어 가서 지하수를 오염시키는 거예요.

플라스틱이 땅에서 온전히 분해되는 데는 수백 년의 시간이 필요합니다. 따라서 아무렇게나 파묻는 것은 플라스틱 쓰레기를 처리하는 적절한 방법이 아니에요. 쓰레기 매립지를 늘린다 해도 플라스틱은 썩지 않고 매립지에 그대로 남아 있지요. 나중에는 너무 많아진 매립지로 인류가 이용 가능한 공간이 전부 사라져 버릴지도 모릅니다.

플라스틱 병에 머리가 낀 곰

　미국 플로리다에 사는 새끼 곰이 플라스틱 병에 머리가 낀 채 열흘 넘게 지내다가 생물학자들의 도움으로 위기에서 탈출했다. 새끼 곰은 많이 야위고 지친 상태였지만 큰 상처 없이 무사히 살아났다.

　새끼 곰은 어미 곰과 함께 먹을 것을 찾기 위해 쓰레기를 뒤지는 과정에서 플라스틱 병에 머리를 집어넣었다가 빼지 못한 것으로 보였다. 전문가들은 새끼 곰이 일주일 이상 아무것도 먹지도 마시지도 못해 죽음의 문턱까지 갔다고 분석했다. 생물학자들이 너무 늦지 않게 새끼 곰을 발견한 것은 행운이었다. 생물학자들은 새끼 곰을 보호하고 있는 어미 곰에게 마취총을 쏘아 얌전하게 만들고 어미 곰이 깨어나기 전에 새끼 곰의 머리에 낀 플라스틱 병을 제거해 주었다. 새끼 곰이 숲으로 돌아갈 만큼 회복되자 생물학자들은 곰 가족을 사람들이 잘 다니지 않는 곳으로 데려가 방사하였다.

▌ 플라스틱 병은 아기 곰에게 죽음의 덫이 될 수 있다.

플라스틱 분류

플라스틱 재질 분류표는 다양한 종류의 플라스틱을 분류하는 국제 표준으로, 원래는 재활용을 더 효율적으로 하기 위해 만들어졌습니다. 그런데 이 플라스틱 재질 분류표는 가정에서 플라스틱을 구입할 때, 건강에 덜 해롭고 환경을 덜 오염시키는 제품을 구하는 데 참고할 수 있지요.

상점에 가서 포장지를 살펴 보세요. 포장지에는 재활용 여부를 표시하는 삼각형 그림이 그려져 있고, 안에는 숫자가 적혀 있어요. 만약 식품을 산다면 이 안에 숫자 2, 4, 5가 적힌 포장지를 고르는 게 좋습니다. 이러한 코드 번호가 찍혀 있는 플라스틱 포장지는 다른 코드 번호가 찍힌 플라스틱보다는 건강에 덜 위협적이지요. 특히 숫자 1이 적혀 있는 플

〈 플라스틱 재질 분류표 〉

분류 코드	플라스틱 재활용품 유형
1	페트병, 생수병, 카페트, 필름, 땅콩버터 통 등
2	세제 용기, 큰 우유병, 쓰레기통, 샴푸 병 등
3	비닐봉지, 포장용 랩, 가스 호스, 가벼운 잡화품 등
4	쇼핑백, 포장 봉투, 장난감, 플라스틱 컵, 케이블 선 등
5	의복, 이불 솜, 가구 용품, 여행용 가방, 돗자리 등
6	스티로폼, 계란 포장재, 요구르트 병, 전자 제품 케이스 등
7	공업용 제품, CD, DVD, 정수기 생수통, 식기 용품 등

라스틱 병은 한 번 사용하기에는 적합하지만 사용한 후 재사용해서는 안
됩니다.

간추려 보기

- 플라스틱 사용이 늘어나, 육지의 플라스틱 오염도 광범위하게 진행
  되고 있다.
- 플라스틱 제품에서는 환경 호르몬을 유발하는 독소 성분이 검출되
  고 있다.
- 매립지 쓰레기의 많은 비중을 플라스틱 쓰레기가 차지하며, 환경
  오염을 유발하고 있다.

전자쓰레기

오늘날 해외로 기부되는 컴퓨터의 50퍼센트는 사용되지 않고 그대로 폐기됩니다. 사람들은 폐기된 컴퓨터 내부의 구리 같은 금속을 회수하기 위해 컴퓨터를 태워요. 이러한 일은 새로운 채굴 산업이라고도 불립니다.

전자쓰레기

(E-waste)는 버려진 전자 제품을 말합니다. 버려진 컴퓨터, 텔레비전, 휴대 전화 등을 **전자쓰레기**라고 하지요. **선진국** 사람들은 수시로 구형 전자 제품을 신형 제품으로 바꾸는 경향이 있어요. 그런데 전자 제품의 케이스는 플라스틱으로 만들어요. 그렇다 보니 전자쓰레기가 늘어날수록 플라스틱 오염도 점점 늘어나지요. 그래서인지 최근에는 플라스틱이 포함된 전자쓰레기를 제대로 처리하는 것이 커다란 사회 문제가 되었습니다.

전자쓰레기는 어디로 가는가?

2009년 조사에 따르면, 유럽 연합에서 개발 도상국에 수출하는 전자쓰레기의 약 48퍼센트가 불법적인 경로로 수출된다고 합니다. 미국에서는 전자쓰레기 중 70퍼센트 이상이 매립지에서 처리됩니다. 하지만 그 가운데 약 10퍼센트만이 재활용된다고 해요. 유엔은 전 세계에서 매년 2천만~5천만 톤의 전자쓰레기가 발생한다고 추정하고 있어요. 문제는 전자쓰레기에서 나온 납, 수은, 비소 같은 독성 성분이 공기 중에 퍼지거나, 땅속으로 스며들 위험이 있다는 거예요. 그래서 세계 각국에서는 전자쓰레기를 버리는 일을 **규제**하거나 금지하는 법이 늘어나고 있어요.

　재활용 컴퓨터가 어디로 가서 어떻게 취급되는지 주의를 게을리해서는 안 됩니다. 현재 선진국의 전자쓰레기는 재활용 센터로 가거나 대외 원조 차원에서 개발 도상국으로 보내지고 있어요. 그러나 원조의 일환으로 전자 제품을 해외로 보내면 많은 문제가 발생해요. 예를 들어 해외로 보내는 중고 컴퓨터에서 중요한 정보가 유출될 수 있어요. 컴퓨터에 사용된 금속을 추출하기 위해 컴퓨터를 대량으로 소각하는 과정에서 환경이 오염되고요. 뒤에서 다시 얘기하겠지만, 이러한 작업을 하는 노동자 대부분이 십 대라는 점도 논란을 일으키고 있지요.

▮ 오래된 컴퓨터들은 불태워야 할까? 그냥 버려야 할까?

플라스틱 대기 오염

　플라스틱을 불에 태우면 유독한 화학 물질이 공기를 타고 퍼져 나갑니다. 미국 보건복지부에 따르면, 전자쓰레기를 태울 때 배출되는 화학 물질은 암, 백혈병, 천식 같은 건강 문제를 야기할 수 있습니다.

　플라스틱을 태울 때 배출되는 독성 성분 중 한 종류가 바로 다이옥신이에요. 다이옥신은 식물 잎의 앞면에 달라붙어 먹이 사슬로 들어옵니다. 이렇게 먹이 사슬로 유입된 다이옥신은 흔히 우리가 먹는 음식을 통해 인체에 악영향을 줍니다. 플라스틱을 태우고 남은 잔여물 또한 문제지요. 토양과 지하수를 오염시키고, 농작물이나 가축을 통해 먹이 사슬로 들어올 수 있습니다. 플라스틱을 태울 때 생성되는 독성 화학 물질은 동물의 지방층에 축적되는데, 고기, 생선, 유제품을 즐겨 먹는 사람의 몸속에서도 이 해로운 성분이 발견되지요. 게다가 이는 개발 도상국만의 문제가 아닙니다. 선진국에서도 농작물 근처에서 사료 포장지 등의 플라스틱 쓰레기를 태우는 경우가 허다하니까요.

전자쓰레기 소각과 금속 수집

2000년대 중반, 선진국 원조 기관들이 중고 컴퓨터를 가나에 기부하기 시작했어요. 가나와 같은 개발 도상국과 선진국의 디지털 정보 격차를 좁히는 것이 기부의 목적이었지요. 그러나 선의로 시작한 컴퓨터 기부는 예상치 못한 결과를 초래하게 되었어요. 쓸 수 없는 중고 컴퓨터를 해외로 수출하는 것은 불법인데, 서구의 중고 컴퓨터 수출업자들이 중고

▌ 가나의 청소년들이 전자쓰레기 부품을 수집한 뒤 잔해물들을 태우고 있다.

컴퓨터에 기부 라벨을 붙여 해외로 유출하는 편법이 가능해진 것입니다. 그 결과 유출되는 컴퓨터의 태반이 기부라는 원래 용도와는 다르게 사용되었지요.

오늘날 해외로 기부되는 컴퓨터의 50퍼센트는 사용되지 않고 그대로 폐기됩니다. 사람들은 폐기된 컴퓨터 내부의 구리 같은 금속을 **회수**하기 위해 컴퓨터를 태워요. 이러한 일은 새로운 채굴 산업이라고도 불립니다.

사례탐구 아그보그블로시(Agbogbloshie)

날마다 전자쓰레기를 태우며 살아야 한다고 생각해 보자. 너무 힘겨운 일일 것이다. 그런데 가나나 나이지리아에 사는 수천 명의 어린이들은 그렇게 힘든 일을 하며 살고 있다. 가나의 수도인 아크라 외곽에 있는 코를라군 근처의 슬럼 지대는 지구에서 가장 오염이 심한 지역 가운데 하나로, 전자쓰레기를 태우는 연기가 자욱한 거대한 쓰레기장이 있는 곳이다.

취재를 간 기자단은 13살 소년 알렉스의 안내로 그 지역을 방문했다. 알렉스는 폐수로 심하게 오염된 강을 지나 아그보그블로시 지역으로 기자들을 데려갔다. 아그보그블로시는 세계에서 가장 악명 높은 전자 제품 쓰레기장으로, 서구에서 온 전자쓰레기가 매년 수백만 톤 분량씩 쌓인다. 알렉스를 비롯한 많은 소년이 바로 이 거대한 쓰레기장에서 일하며 살아간다.

소년들은 컴퓨터에 불을 질러 플라스틱 부품을 녹인 다음 컴퓨터 안에 든 구리와 철을 모아 판다. 소년들은 컴퓨터가 다 타면 자석을 이용하여 남은 잔여물에서 작은 금속 조각들을 모은다. 건강에 해롭다는 것을 알아도 소년들은 돈을 벌기 위해 매일 이 작업을 하고 있다.

이 새로운 채굴 산업에 종사하며 컴퓨터를 태우는 일을 하는 노동자는 주로 십 대 청소년들이에요. 청소년들은 플라스틱을 태울 때 나오는 독성 성분으로 인해 건강을 위협받을 뿐만 아니라 성장 발육에도 큰 문제를 겪을 수 있습니다. 하지만 청소년들은 가족을 먹여 살리기 위해 위험을 무릅쓰고 컴퓨터 부품을 소각하는 일을 멈추지 못하고 있습니다.

중국의 전자쓰레기 관련 사업

선진국에는 전자쓰레기의 해외 유출을 금지하는 법이 있지만, 매년 수십만 톤의 전자쓰레기가 선진국에서 중국으로 흘러 들어갑니다. 중국

▌ 가난한 사람들은 버려진 컴퓨터에서 돈이 될 금속을 찾는 작업을 한다.

의 중고품 거래 업자들이 전자쓰레기를 사고팔아 이윤을 남기는 행위를 하기 때문이에요. 거래 자체가 재빠르게 이루어지다 보니 불법으로 전자쓰레기를 거래하는 사람들은 경찰에 잘 잡히지도 않습니다.

중국 남부 광둥성에 있는 도시 구이유는 세계에서 가장 큰 전자쓰레기 집하장이 있는 곳으로 휴대 전화, 컴퓨터, 모니터, 프린터 등 수많은 중고 전자 제품이 산더미처럼 쌓입니다. 구이유는 전자쓰레기 처리 작업으로 매해 수천만 달러의 이득을 보지요. 전자쓰레기 더미가 큰돈이 된 셈이에요. 구이유의 공장 안에서 여성 노동자들은 컴퓨터 칩 속에 있는 금과 그 밖에 돈 되는 금속을 얻기 위해 회로판을 녹입니다. 이 과정에서 노동자들은 전자쓰레기가 녹거나 타면서 배출되는 독성 물질인 납과 카드뮴에 지속적으로 노출되면서 중독됩니다.

전자쓰레기를 금으로

나날이 산업이 발전하고 있는 인도 역시 전자쓰레기가 늘어나는 나라예요. 그러나 중국과는 반대로, 인도는 긍정적인 해결책을 찾은 나라입

생각해 보기

선진국이 개발 도상국에 컴퓨터를 보내는 것을 금지해야 한다고 생각하는가? 컴퓨터 태우는 일을 하는 어린이와 청소년을 보호할 수 있는 조치에는 어떤 것이 있을까? 컴퓨터를 태워 금속을 추출해 파는 것보다 더 가치 있게 중고 컴퓨터를 활용할 수 있는 방법에는 무엇이 있을까?

니다. 인도의 실리콘밸리인 벵갈루루에 있는 재활용 공장에서는 쓰레기를 금으로 만들어 냅니다. 전자쓰레기를 태우거나 녹이지 않고서 말이에요. 이들은 안전한 환경에서 폐기된 컴퓨터를 재가공해 시계와 보석으로 만듭니다. 그런 다음 친환경 제품으로 마케팅하여 판매하지요. 이 공장의 전자쓰레기 재활용 방식은 세계에서 친환경 사업으로 인정받고 있거든요. 이 재활용 공장의 사장은 말합니다.

"2009년, 인도는 700만 대가 넘는 컴퓨터를 샀고 이로 인해 33만 톤의 전자쓰레기가 생겼습니다. 전자쓰레기들은 조만간 재활용 공정에 들어갈 것이며 이 분야 사업은 앞으로도 성장할 것입니다."

간추려 보기

- 전자쓰레기는 버려진 전자 제품을 말한다. 전자쓰레기에는 플라스틱 재질이 포함되어 있는 경우가 많다.
- 전자쓰레기를 재활용하거나 버리는 과정에서 중요한 정보가 유출될 수 있으며, 소각 과정에서는 유독성 물질이 배출된다.
- 전자쓰레기를 재가공하여 친환경 제품으로 만드는 사업도 있다.

5

환경 보호 정책

2002년에는 아일랜드가 비닐봉지 사용을 제한하는 제도를 도입했습니다. 비닐봉지 사용에 높은 세금을 부과한 것입니다. 그 결과 비닐봉지 사용량이 90퍼센트 가까이 줄었지요. 아일랜드 정부는 세금으로 들어온 돈을 재활용 프로그램 운영비로 사용했어요. 그 뒤 많은 국가가 비닐봉지 사용에 대해 세금을 부과하는 방법을 통해 비닐봉지 사용을 줄이고자 노력했습니다.

2010년, 미국 환경보호국은 미국 내에서만 한 해 동안 무려 346건의 환경 범죄를 적발하였다고 발표했습니다. 이처럼 미국에서는 해마다 수백여 건의 환경 범죄가 발생하고 있어요. 2010년에 발생한 환경 범죄 사건 가운데 289명의 범죄 피고인이 기소되었고, 그중 88퍼센트가 유죄 판결을 받았지요. 사람들이 환경에 갖는 관심이 커지면서 환경 범죄에 대한 엄중한 처벌을 요구하는 목소리도 커지고 있어요. 사람들은 환경 범죄에 대해, 특히 나날이 그 심각성이 커지고 있는 플라스틱 오염 범죄에 대한 규제법이 강화되어야 한다고 말합니다.

해양법

UN에는 **해양법**이 있습니다. 해양법 210조는 투기에 따른 오염에 관해 다룹니다. 211조는 선박으로 인한 오염을, 216조는 플라스틱 용기 투기 및 오염과 관련한 법령 **집행**을 다루고 있지요. 해양법에서 우리가 주목할 만한 부분은 바로 플라스틱 쓰레기를 바다에 버리는 일을 금지하고 있다는 점입니다. 또 해양법은 한 나라의 땅에서 19.3킬로미터를 넘지 않은 범위 혹은 **외해**에 적용되고 있어요.

또 다른 환경 보호 제도는 해양오염방지협약(MARPOL)입니다. 선박의 이동으로 생기는 오염 방지를 위한 국제 협약이에요. 유럽 연합의 27개국을 비롯하여 100개가 넘은 나라가 이 협약에 서명했지요.

이렇게 세계 각국은 플라스틱 오염을 방지하는 법과 제도를 **제정**하여 시행하고 있어요. 미국 의회는 1987년과 2006년에 플라스틱을 비롯한 쓰레기 투기로 생기는 해양 오염을 방지하기 위한 법안을 통과시켰습니다. 미국 해양 경비대는 미국 해양법에 따라 환경 오염을 유발하는 선박들을 조사하거나 단속할 수 있는 폭넓은 권한을 갖고 있지요.

▎미국 해안 경비대는 환경 오염 유발자를 잡을 준비가 되어 있다.

해양법에 따라 벌금을 부과하기도 합니다. 예를 들어 호주는 해양오염방지협약에 따라 호주 해안선 기준 320킬로미터 범위 안에 있는 모든 선박에 해양법을 적용합니다. 특히 호주의 어선이라면 세계 어느 곳을 항해하든 호주 해양법에 따라야 하지요. 개인이 법을 어길 경우 벌금은 최대 26만 호주달러이고, 기업에는 1,300만 호주달러를 부과할 수 있어요. 그러나 돈이 많은 다국적 기업들은 벌금 1,300만 호주달러를 단지 비즈니스 비용으로만 생각할 수도 있습니다. 이런 경우 시민 단체가 나서서 기업이 법을 어긴 사실을 사회에 알려 범법적인 행동을 멈추도록 압력을 가하고 있어요.

해양 보호 활동

바다를 오염시키는 사람들을 어떻게 검거할까요? GPS 장치가 해결책이 될 수 있어요. GPS를 설치하면 바다에 오염을 일으키는 것으로 추정되는 배의 위치를 추적할 수 있고, 환경 보호법을 위반한 사실이 발견되면 체포할 수도 있어요.

하지만 해양 보호를 실천하는 데는 많은 어려움이 따릅니다. 해양 장비와 인력을 운용하며 해양 정찰을 하다 보면 비용이 많이 들어요. 가난한 나라에는 부담되는 비용이지요. 그래서 예산 부족으로 해양 보호 활동 지원을 충분히 하지 못하게 됩니다. 또한 선진국의 해군들도 해양법을 위반하는 선박들을 나포하려면 온갖 어려움을 겪어야 하지요. 그래도 어떤 경우든지 해양 오염을 막고 환경을 지키기 위해 어선들의 활동을 보다 더 잘 감독할 필요성은 충분합니다.

사례탐구 일리노이 주 팍스 강

2010년, 미국 일리노이 주에 있는 한 플라스틱 재활용 회사가 팍스 강에 유독성 화학 물질을 버리다가 적발되었다. 이 사건을 통해 겉으로는 환경 보호를 하는 것처럼 행세하지만, 실제로는 환경을 오염시키는 회사가 있음이 알려졌다. 또한 사람들은 정부와 국민이 함께 환경 범죄를 찾아내고 막기 위한 노력을 해야 함을 다시금 깨닫게 되었다.

일리노이 주의 사우스 엘진 경찰관은 자신의 집 근처 샛강에서 죽은 고기 떼가 발견되었다는 지역 주민의 신고를 접수했다. 신고한 주민의 집은 플라스틱 재활용 공장 근처에 위치해 있었다. 신고를 받은 경찰은 법무부와 연계하여 다각적 조사를 진행했다.

현장에 도착한 경찰관은 공장 노동자가 푸른 플라스틱 드럼통에 든 액체를 배수관으로 쏟아붓는 장면을 목격했다. 배수관 물은 근처 샛강을 거쳐 하류에 있는 팍스 강까지 흘러갔다. 배수관으로 흘러간 액체는 강에 사는 동물들에게 치명적인 독성 성분이 들어 있는 공업용 세제였다. 이로 인해 오염된 샛강에서는 잉어, 메기, 개구리, 물뱀 등이 몰살 당했다.

2010년 6월, 결국 플라스틱 재활용 업체의 사장과 책임자가 수질 오염 혐의로 체포되어 벌금을 부과받았다.

공장 경영자가 화학 물질을 강에 버리는 이유는 돈과 시간을 절약할 수 있기 때문이다. 환경을 보호해야 한다는 윤리보다는 편리함과 비용 절감이 기업에게는 우선순위였던 것이다. 이렇게 일리노이 주의 플라스틱 재활용 공장의 사례와 같은 비윤리적인 환경 범죄를 처벌해야 시민의 건강과 환경을 보호할 수 있다.

▌ 강이 오염되는 것을 막으려면 주의 깊은 감시가 필요하다.

비닐봉지

비닐봉지는 현재 지구에서 가장 흔한 물품입니다. 비닐봉지는 가볍고, 값싸며, 방수가 잘 되어 식료품부터 의류에 이르기까지 어떤 물건이든 편리하게 담아 나를 수 있지요. 비닐봉지가 없는 생활은 이제 상상하기 힘들어요. 불과 몇 그램 무게인 비닐봉지는 얇고 가벼워서 위험하거나 해롭다는 느낌을 주지 않습니다. 그러나 다음과 같은 사실을 알면 아마 깜짝 놀랄 거예요.

전 세계에서 일 년동안 사용되는 비닐봉지는 무려 5000억 개에 이릅니다. 커다란 쓰레기 봉투부터 두꺼운 쇼핑백, 얇은 캐리어백까지 다양한 비닐봉지가 쓰이지요. 하지만 이렇게 사용되는 비닐봉지 가운데 일부분만이 재활용되고, 나머지는 모두 버려져요. 이로 인해 환경 오염이 심각해지지요.

재생할 수 없는 폴리에틸렌으로 만드는 일회용 비닐봉지는 천연자원과 에너지 자원을 낭비하게 합니다. 비닐봉지 190억 개를 만들기 위해서는 약 300만 배럴의 석유가 필요해요. 비닐봉지 1톤을 다시 사용하거나 재활용하면, 11배럴의 석유가 절약되지요. 그러나 많은 비닐 제품들이 재활용되지 않고 폐기됩니다. 플라스틱 캐리어백만 해도 재활용 재료로만 들어지는 제품은 적고, 플라스틱 캐리어백에서 재활용되는 부품도 5퍼센트 정도밖에 안됩니다.

비닐봉지는 분해되어 없어지는 데 최소한 20~100년 정도가 걸립니다. 분해된다고 해도 생물 분해되지 않고, 더 작은 조각들로 부서져 플라

인물탐구 **고든 댄시**

1970년대, 고든 댄시는 최초로 상용 비닐봉지를 발명했다. 당시 플라스틱은 미래 산업을 이끌 위대한 발명품으로 간주되었고, 댄시는 자신이 만든 플라스틱이 나무 대신 사용되어 나무를 보호하는 데 도움이 될 것이라 생각했다. 그러나 댄시는 은퇴할 무렵에 자신이 만든 비닐봉지가 환경 문제를 일으킨다는 것을 알게 되었다. 그래서 은퇴 뒤 플라스틱 재활용 회사를 세웠다.

스틱 먼지가 됩니다. 이 상태로 비닐봉지를 아끼지 않고 계속 사용하면 어떻게 될까요? 결국 지구는 비닐봉지 더미로 가득 차게 될 거예요.

비닐봉지의 숨은 비용

물론 비닐봉지에는 장점이 많아요. 종이백을 만드는 것보다 비닐봉지를 만드는 편이 에너지도 덜 들고, 물도 덜 들고, 공기 중으로 배출되는 오염 물질도 적고, 만들고 난 뒤 폐기물도 적게 나와요. 비닐봉지는 매립지에서 공간도 훨씬 덜 차지하지요.

그러나 비닐봉지가 매립지에서 제대로 처리되는 경우는 흔치 않습니

▌ 비닐봉지들이 흩날리며 시골 농장을 덮고 있다.

다. 아무렇게나 떠다니다가 담장이나 나무에 걸리거나 심지어 새 목구멍에 걸리기도 하지요. 비닐봉지는 시궁창, 하수구, 수로를 막아 범람의 원인이 되기도 합니다. 이 같은 오염을 처리하는 데는 반드시 비용이 들어요. 비닐봉지가 사용된 뒤 생기는 '숨은 비용'을 생각하면, 비닐봉지가 그렇게 경제적인 것만은 아니지요.

비닐봉지 사용 제한

비닐봉지와 플라스틱 쓰레기가 세계를 숨이 막히게 옥죄고 있습니다. 뒤늦게 경각심을 품은 각국 정부는 일회용 비닐봉지 사용을 제한하거나 금지하는 조치를 취하고 있지요. 일례로 중국 국무원에서는 다음과 같은 발언이 나왔습니다.

"중국에서 사용하는 비닐봉지 양은 엄청납니다. 이는 심각한 에너지와 자원의 낭비, 환경 오염을 발생시킵니다. 과도하게 사용하면서도 재활용은 안 하기 때문입니다."

2002년 방글라데시는 세계 최초로 비닐봉지 사용을 전면 금지했어요. 강력한 태풍이 지나간 뒤 수백만 개의 비닐봉지가 도시 여기저기 설치된 배수관들을 막아 버린 사건이 있었거든요. 배수관이 비닐봉지로 막혀 태풍뿐 아니라 홍수 피해까지 입게 되었지요. 방글라데시 정부는 이 사실을 알고 특단의 조치를 내린 것입니다.

비닐봉지 사용 금지와 세금 정책

2002년에는 아일랜드가 비닐봉지 사용을 제한하는 제도를 도입했습

해양보존협회

해양보존협회(MCS)는 해양을 오염에서 보호하여 해양 생물을 죽음의 위협에서 보호하는 일을 한다. 해양보존협회에서는 비닐봉지 환경 오염에 관한 다음과 같은 충격적인 사실을 발표했다.

- 영국의 각 가정은 매년 400여 개의 비닐봉지를 사용한다.
- 2010년 해양보존협회 자원봉사자들은 단 1주일 만에 7,273개의 비닐봉지를 수거했다.
- 2010년 세계 해변 청소 기간 동안 전 세계 100개가 넘는 나라에서 98만 개의 비닐봉지가 수거되었다.

니다. 비닐봉지 사용에 높은 세금을 부과한 것입니다. 그 결과 비닐봉지 사용량이 90퍼센트 가까이 줄었지요. 아일랜드 정부는 세금으로 들어온 돈을 재활용 프로그램 운영비로 사용했어요. 그 뒤 많은 국가가 비닐봉지 사용에 대해 세금을 부과하는 방법을 통해 비닐봉지 사용을 줄이고자 노력했습니다. 2003년 타이완은 비닐 쇼핑백을 무료로 나눠주는 일을 금지했으며, 식당에서 사용하는 일회용 플라스틱 용기도 유료화했지요. 이탈리아와 벨기에는 2007년 이후부터 비닐봉지에 세금을 부과했어요. 스위스, 독일, 네덜란드에서도 비닐봉지에 수수료가 붙었고요.

그 이외에도 여러 나라가 비닐봉지 사용을 줄이는 일에 동참했어요. 2003년 호주는 자발적으로 비닐봉지 사용 금지 캠페인을 실시했어요. 비닐봉지 소비가 놀라울 만큼 줄어들었지요. 소매업자의 90퍼센트가 협

력했으니까요. 2007년 영국 데번에 있는 모드버리 마을은 영국 최초로
비닐봉지 사용을 금지 조처했어요. 2012년에는 영국 정부가 런던 올림
픽을 맞아 런던을 비닐봉지 없는 도시로 만들려고 힘쓰기도 했지요.

2005년 프랑스는 생물 분해가 되지 않는 비닐봉지를 금지했지요. 이
탈리아 역시 2005년 비닐봉지를 금지하는 정책을 시행했고, 중국은
0.025밀리미터 두께보다 얇은 비닐봉지는 사용을 금지시켰어요. 르완
다는 2006년에, 멕시코의 멕시코시티는 2009년에 비닐봉지 사용을 금
지했어요. 인도의 델리, 뭄바이, 카와르, 타루말라, 바스코, 라자스탄 등
의 도시에서도 비닐봉지 사용을 금하고 있지요.

❚ 나무에 걸린 이 비닐봉지는 근처에 있는 패스트푸드점에서 날아왔다.

미국에서는 플라스틱 산업이 경제에 미치는 영향이 매우 커서, 비닐봉지 사용이 감소한다면 일자리가 사라질 것이라는 주장이 제기되기도 했습니다. 그렇지만 그런 미국에서도 비닐봉지를 사용하지 말자는 캠페인에 점점 힘이 실렸지요. 2007년 샌프란시스코 시는 비닐봉지 사용을 금지했습니다. 2008년 뉴욕 시도 비닐봉지를 '적게 사용하고, 다시 사용하고, 재활용하자'는 정책을 도입했지요. 노스캐롤라이나에서도 비닐봉지 사용이 금지되었고, 최근에는 포틀랜드에서까지 비닐봉지 사용 금지에 서명했습니다.

캔버스백

비닐봉지를 한 번만 쓰고 버리는 대신 재활용하는 사람들이 늘어나고 있어요. 캔버스백이나 천 가방을 가지고 다니는 사람들도 많아졌지요.

다시 사용할 수 있고 재활용할 수 있는 천 가방을 사용하는 것이 일회용 비닐봉지를 사용하는 것보다 좋다.

정확히 언제부터 사람들이 천 가방을 가지고 다니기 시작했는지는 알 수 없습니다. 그래도 시기를 찾자면, 2007년에 있었던 한 사건이 전환점이 된 것은 확실합니다. 영국의 유명 디자이너 안야 힌드마치는 '글로벌 사회 변화 그룹'과 함께 뜻을 모아 '나는 비닐봉지가 아닙니다(I am not a Plastic Bag)'라는 캔버스백을 내놓았고, 이 가방이 폭발적인 인기를 얻었던 것입니다.

　캔버스백을 들고 다니는 것은 그저 유행일 수도 있겠지요. 하지만 환경 보호를 위해 기꺼이 캔버스백을 메는 사람들도 있습니다. 캔버스백은 재생이 가능하고, 자연 분해되며, 오랫동안 쓸 수 있습니다. 캔버스백을

┃플라스틱 병은 환경을 심각하게 오염시킨다. 이에 문제 의식을 품은 사람들이 플라스틱 병
┃사용 금지 캠페인을 벌이고 있다.

사용하면 매년 버리는 일회용 비닐봉지 수를 획기적으로 줄일 수 있지요. 또 단지 유행으로 캔버스백을 들고 다닌다 하더라도 상관없지 않을까요? 환경 보호에 도움도 되고, 예쁜 가방도 메고 그야말로 일석이조지요.

일회용 생수병의 사용 제한

2000년 말 이래, 플라스틱 생수병은 비닐봉지와 함께 사용을 자제해야 할 물품에 포함되었습니다. 직원에게 일회용 생수병을 제공하던 기업들이 제일 먼저 생수병 대신 정수기를 들여놓기 시작했어요. 환경에 대한 사람들의 관심이 크게 높아진 것이 이러한 결정에 가장 큰 영향을 주었지요. 2010년 실시된 한 조사에서는 샌프란시스코, 시카고, 시애틀, 피닉스 등 미국 도시 101곳 가운데 47곳의 도시가 사무실에서 플라스틱 생수병 사용을 금지하는 정책을 시행하고 있었어요. 이탈리아는 문화유산 산업 단지 근처에서의 생수병 판매를 금지했을 뿐 아니라 플라스틱병을 가지고 다니는 것조차 금지했지요. 영국의 리즈대학은 학교 내에서 생수병 판매를 금지했어요. 하지만 과도한 규제가 개인과 기업의 자유를 침해한다며 반발하는 사람들도 있어, 일회용 생수병 사용 금지 정책은 전면 시행까지 아직도 갈 길이 멉니다.

사례탐구 호주 번더눈 마을

2009년 9월, 호주 번더눈 마을에서는 플라스틱 병이 완전히 사라졌다. 일회용 생수병의 판매가 금지된 사례는 번더눈 마을이 세계 최초인 것으로 알려져 있다. 번더눈에서는 이제 플라스틱 병에 담긴 생수를 살 수 없다. 그 대신 다회용 생수병을 팔고, 병을 재사용할 때는 생수를 무료로 채울 수 있다. 번더눈 주민 모두가 플라스틱 생수병 판매가 금지되었을 때 기뻐했으며 생수병 판매 금지가 시작된 주말에는 축하 행진까지 벌였다. 일회용 생수병의 판매를 막은 것은 법적으로 문제가 없었다. 마을 주민들 스스로 내린 결정이어서 개인 권리를 제한한 것이 아니었기 때문이다.

간추려 보기

• 환경을 오염시키는 행위는 범죄다. 세계 각국에서는 해양법을 적용하여 바다를 오염시키는 사람들을 체포하고 있다. 또한 하천이나 강에 공장 폐수를 배출하는 범죄도 적발하고 있다.
• 비닐봉지로 인한 환경 오염 피해가 심화되고 있으므로, 세계 각국은 비닐봉지 사용을 금지하거나 비닐봉지에 세금을 부과하고 있다.
• 환경 오염을 막기 위해 캔버스백이나 천 가방을 들고 다니는 사람이 늘어나고 있다.

6
CHAPTER

플라스틱 재활용

현실적으로 플라스틱 쓰레기를 모조리 재활용할 수는 없지요. 설사 그런 일이 가능하다고 해도 엄청난 경비와 시간이 들 거예요. 플라스틱을 만들 때 첨가된 화학 물질 때문에 플라스틱 쓰레기는 재활용하기 전에 종류 별로 분류해야 합니다. 플라스틱에 포함된 화학 물질의 종류가 다르기 때문에 분류하는 일이 만만치 않아요.

플라스틱

오염의 심각성이 알려지자 사람들은 플라스틱 쓰레기를 제대로 처리할 방법을 고민하기 시작했습니다. 플라스틱 쓰레기를 효과적으로 처리하는 대표적인 방법은 **재활용**입니다. 재활용이란 이미 사용한 물건을 다시 가공하여 사용하는 것을 말합니다. 플라스틱은 재활용할 수 있습니다. 플라스틱뿐 아니라 종이, 유리, 알루미늄·주석 등 재활용할 수 있는 품목은 무궁무진하지요. 전자쓰레기를 처리하는 가장 효과적인 방법도 부품을 재활용해 새로운 제품으로 만드는 것이에요. 재활용 과정을 거치면 부품을 재활용해 자원과 생산 비용을 아낄 수 있고, 결과적으로 환경 오염을 줄이는 효과가 납니다.

플라스틱 재활용

플라스틱 재활용 과정은 다음과 같습니다. 우선 플라스틱 쓰레기가 재활용 센터로 오면, 센터에서는 플라스틱을 점검하고 깨끗이 씻어요. 그런 다음 열가소성 플라스틱과 열경화성 플라스틱으로 분류하지요. 재활용이 가능한 것은 열가소성 플라스틱입니다. 이렇게 분류한 플라스틱은 최대한 원료에 가까운 상태로 가공합니다. 예를 들어 플라스틱 병은 분쇄하여 아주 작은 조각으로 만들어요. 그 뒤에 새로운 가공 공정을 통해 다시 쓸 수 있는 플라스틱 제품으로 만들어 냅니다. 다만, 플라스틱의 순도는 재활용을 할 때마다 떨어지긴 하지요.

세계 각 나라, 각 도시마다 플라스틱을 재활용하는 방법과 규모는 모두 달라요. 많은 나라에서 플라스틱을 재활용해 환경을 지키려는 노력을 하고 있어요. 그중에서도 선진국들이 자본과 기술이 충분해 플라스틱 재활용에 더 적극적이지요. 반면 플라스틱을 재활용하는 데 필요한 자본과 기술이 부족한 나라에서는 그 만큼 재활용에 소극적입니다.

현실적으로 플라스틱 쓰레기를 모조리 재활용할 수는 없지요. 설사 그런 일이 가능하다고 해도 엄청난 경비와 시간이 들 거예요. 플라스틱을 만들 때 첨가된 화학 물질 때문에 플라스틱 쓰레기는 재활용하기 전에 종류 별로 분류해야 합니다. 플라스틱에 포함된 화학 물질의 종류가 다르기 때문에 분류하는 일이 만만치 않아요. 어떤 화학 물질은 재활용 과정에서 심한 오염을 일으키기도 합니다. 때로는 재활용하는 데 드는 비용과 시간이 새로 제품을 만들 때보다 현저하게 많이 드는 경우도 있지요. 게다가 여러 가지 원료를 합친 합성플라스틱은 재활용하는 것 자체가 불가능합니다. 재활용하면 제품의 품질이 하락한다는 점, 역시 문제지요.

이러한 이유로 버려지는 플라스틱이 많습니다. 2009년 미국에서는 플라스틱 쓰레기 가운데 7퍼센트만이 재활용품이 되었을 뿐입니다. 나머지 93퍼센트는 매립지로 향했지요. 영국에서는 2010년 플라스틱 쓰레기 중 약 25퍼센트가 재활용된 것으로 추정됩니다.

페트병의 재활용

플라스틱을 재활용하는 것은 알루미늄이나 유리를 재활용하는 것과는 다릅니다. 예를 들어 재활용 유리병은 비슷한 품질의 유리병으로 다시 만드는 데 비용이 많이 들지 않아요. 그러나 페트(폴리에틸렌)병의 경우는 다릅니다. 비용이 꽤 들지요.

플라스틱을 재활용하여 현관 매트, 직물, 카펫, 합성 섬유, 침낭 등과 같은 제품을 만드는 것은 대단한 성과예요. 그러나 재활용으로 이러한 새 제품을 만들기 위해서는 또 석유가 필요하지요. 또한 플라스틱을 재활용하여 만든 제품은 다시 재활용할 수 없어서 나중에는 결국 매립지로

❙ 어린 시절부터 재활용하는 습관을 들이는 것이 좋다.

가야 합니다. 따라서 플라스틱을 재활용하는 것은 유리병을 재사용하는 경우와 같은 의미에서의 진정한 재활용은 아니지요.

게다가 **페트병**은 재활용할수록 원래 제품보다 품질이 낮아집니다. 페트병을 만들 때 사용하는 금속 촉매는 플라스틱에 열을 가할 때 플라스틱이 분해되게 돕는 역할을 해요. 촉매는 자신은 변하지 않고 남아 있으면서 화학적 반응의 속도를 높여 주는 물질이지요. 그런데 문제는 금속 촉매가 페트병을 만든 뒤에도 페트병 속에 그대로 남아 있다는 거예요. 그래서 플라스틱 재가공 과정에서 플라스틱을 약화시키고, 지속적인 재활용을 불가능하게 만듭니다.

새로운 플라스틱 개발

플라스틱이 자연적으로 분해되는 방식은 크게 두 가지입니다. 하나는 바다로 흘러들어 가서 오랜 시간에 걸쳐 분해되는 경우고, 다른 하나는 땅속에 묻힌 채 오랜 세월 동안 분해되는 경우입니다. 그래서 일부 환경주의자들은 좀 더 빠른 시간 내에 분해되는 플라스틱을 만드는 것이 해결책이라고 주장하기도 하지요. 단기간 내에 자연 분해되는 플라스틱의 사용량이 늘어나면, 환경에 주는 나쁜 영향은 당연히 훨씬 줄어들 거예요. 실제로 최근 개발된 플라스틱 중 몇 종류는 기존보다 더 빨리 자연 분해됩니다. 자연 분해될 뿐 아니라 재생 가능한 자원인 식물 섬유를 원료로 플라스틱을 만들기 때문이지요.

얼마 전에는 옥수수로 만든 플라스틱이 개발되었어요. 석유로 만든 플라스틱을 대체할 수 있는 아주 획기적인 발명이었지요. 그러나 옥수수로 만든 플라스틱에는 한 가지 치명적인 단점이 있었습니다. 이 플라스틱을 만들기 위해서는 일반 옥수수가 아니라 특별히 가공한 옥수수가 필요하다는 점이었어요. 또한 옥수수로 만든 플라스틱을 사용한 뒤 분쇄하여 처리하려면 특별한 장비를 갖춘 공장을 지어야 했지요. 옥수수로 만든 플라스틱의 분해는 과일이나 야채가 썩는 것처럼 자연스러운 과정이 아니었던 셈이지요.

이처럼 자연 분해되는 플라스틱이 기존의 플라스틱을 대체하기 위해서는 풀어 가야 할 숙제가 여전히 많습니다. 과학자들은 그 해결책을 찾기 위해 연구를 거듭하고 있고요.

옥수수를 사용해 자연 분해
되는 플라스틱을 만들었다.

간추려 보기

- 플라스틱 재활용은 시간과 비용은 물론이고, 새롭게 자원을 투자하는 등의 노력이 든다.
- 최근에는 식물 섬유를 이용해 자연 분해되는 플라스틱을 개발하고 있다.

7

CHAPTER

해결책 찾기

환경을 위한 자원봉사는 자신에게 만족감을 주고 이웃과 사회에 기쁨과 행복을 줄 수 있는 일입니다. 주변으로 조금만 눈을 돌려보면 세상을 위한 봉사와 나눔을 실천할 수 있는 방법들이 많습니다. 해양 환경 도우미 활동을 통해 바닷가 마을을 깨끗이 할 수도 있고 그린피스 캠페인을 함께하며 플라스틱 오염으로 인한 해양 생명체 보호 활동을 할 수 있지요.

과학자들은

최근 들어 플라스틱 신소재를 통한 친환경 제품 개발을 위해 노력하고 있어요. 가장 기대할 만한 것은 최신 나노 기술의 성과인 나노탄소입니다. 나노 기술은 분자, 초분자 등 아주 작은 물질을 다루는 기술을 말합니다. 석유로 만드는 중합체 플라스틱과 다르게 나노탄소로 만드는 플라스틱은 환경 오염을 많이 유발하지 않지요.

나노탄소

나노탄소는 플라스틱의 장점을 모두 가지고 있어요. 플라스틱처럼 얇고 길게 늘일 수 있고, 어떤 모양으로도 만들 수 있지요. 그리고 나노탄소로 만든 제품은 플라스틱 제품과는 다르게 오염을 발생시키지 않아요. 나노탄소로는 볼링공, 골프공, 스포츠 장비, 방수되는 솜뭉치 등을 만듭니다. 이 밖에도 나노탄소가 사용되는 곳은 많아요.

그중에서도 세 가지 나노탄소가 큰 관심을 받고 있습니다. 그래핀, 탄소나노튜브, 탄소나노폼이 그것입니다. 이 세 가지 나노탄소는 가벼우면서도 강철보다 100배 강하고 냄비나 프라이팬의 재질인 테플론보다도 매끄럽게 윤이 나지요.

나노탄소의 사용이 늘어나면 원유 사용량을 줄일 수 있어 한정된 석유 자원을 보존하는 데 도움이 됩니다. 그렇지만 나노탄소로 만든 플라스틱은 석유로 만드는 플라스틱보다 값이 훨씬 비싸요. 그런데 현재와 같은 속도로 계속 석유를 사용한다면 언젠가는 원유가 고갈되어 플라스틱이 매우 만들기 어려운, 비싼 물질이 될 수도 있지요. 그러면 나노탄소로 만든 플라스틱이 석유로 만든 플라스틱보다 더 값싸게 팔리는 날이 올 수도 있어요.

그렇다고 해서 마냥 안심하고 있어도 될까요? 지금처럼 플라스틱을 마구 낭비하며 살아도 될까요? 지금처럼 살면 나노탄소로 만든 플라스틱이 저렴해질 무렵에는 지구 전체가 플라스틱 쓰레기로 뒤덮여 있을지도 몰라요. 다행인 점은 세계 곳곳에서 플라스틱 오염을 막기 위해 활발한 연구를 진행하고 있다는 것입니다. 인도의 과학자들은 나노클레이에 대한 연구를 진행 중인데, 이 합성물은 플라스틱과 비슷하지만 더 빨리 자연 분해됩니다.

습관 바꾸기

플라스틱의 과잉 생산과 소비를 줄이기 위해서는 기업뿐 아니라 우리 모두가 생활 습관을 바꾸어야 해요. 물론 실천이 말처럼 쉽지 않겠지만, 다음의 내용은 실생활에서 꼭 실천하도록 합시다.

• 일회용 플라스틱 컵 : 일회용 플라스틱 컵의 사용을 금지하는 정책

집중탐구 플라스틱 2020 도전

다음은 플라스틱 오염을 줄이기 위한 유럽 내 환경 운동 단체인 '플라스틱 2020 도전'이 웹사이트에 공표한 내용이다.

- 유럽의 플라스틱 산업 시장 규모는 2,000억 파운드에 달하며, 1,600만 명에게 일자리를 제공하고 있다.
- 영국에는 플라스틱 관련 기업이 7,400개 있으며, 고용자는 18만 6천명에 달한다. 이 수치는 영국의 제약 산업과 자동차 산업의 일자리를 합한 것보다 많다.
- 2006년 영국에서 EPS(발포성 폴리스티렌) 포장지 6,500톤이 재활용되었다. 이것은 영국에서 만들어지는 EPS 포장지의 42퍼센트다.
- 2007년 영국의 플라스틱 포장지 중 24퍼센트가 재활용되었다.
- 영국 해양에 버려진 플라스틱은 1994년 이래 146퍼센트 증가했다.
- 낚시나 항해 같은 해양 관련 행위로 발생한 해양 쓰레기는 20퍼센트에 불과하다. 해양 쓰레기의 80퍼센트는 육지에서의 쓰레기 관리 부주의로 인한 것이거나, 사람들이 무책임하게 버린 것이다.
- 바다에 떠다니는 쓰레기 중 90퍼센트가 플라스틱이다. 이 쓰레기 가운데 70퍼센트는 해수면 아래로 가라앉을 것이다.
- 플라스틱은 땅에서 오랜 시간에 걸쳐 썩는다. 하지만 바다에서는 좀처럼 썩지 않는다. 플라스틱을 썩게 하는 미생물이 바다에서 살 수 없기 때문이다.
- 영국 해변 쓰레기 중 37.7퍼센트는 해변에 온 사람들이 버린 것이다.
- 영국 해변 쓰레기 중 13퍼센트가 낚시 산업에서 기인하는데, 대부분 버려진 그물망이나 낚시 장비들이다.

을 지지하고 되도록 사용을 줄입니다. 이미 많은 사람이 커피, 차 등의 음료를 일회용 플라스틱 컵 대신 유리병이나 머그잔에 담아 마시고 있어요.

- 플라스틱 용기 : 음식을 저장할 때 플라스틱 용기 대신 유리 그릇을 씁니다. 예전에는 우유를 유리병에 담아 판매했지만 지금은 플라스틱 통이 유리병의 자리를 대신하지요. 마트에 가면 큰 플라스틱 우유통을 쉽게 볼 수 있지요. 영국의 경우에는 유리병에 담긴 우유가 드물지 않으며, 점차 유리병 사용이 늘어가는 추세라고 합니다. 유리병에 담긴 우유가 환경 보호에 좋다는 사실이 알려지자 소비자들이 유리병에 담긴 우유를 선호하게 된 거예요.

- 랩 : 비닐봉지나 플라스틱 병처럼, 랩도 한 번 사용한 뒤 버리기 때문에 환경을 쉽게 오염시키는 품목입니다. 최근에는 랩을 씌운 음식을 전자레인지에 돌리면 화학 물질이 새어 나와 음식에 흡수될 수 있다는 연구 결과가 나오기도 했지요. 알루미늄 호일을 랩의 대안으로 생각해 볼 수 있지만, 알루미늄 역시 유한한 자원이에요. 또한 지나치게 많이 사용하면 플라스틱과 마찬가지로 재활용, 보존, 비용 등에 문제가 발생합니다.

실천적 행동

플라스틱을 재활용하는 방법은 다양하고 그중에는 꽤 흥미로운 사례도 있습니다. 플라스티키(Plastiki)라는 배는 플라스틱을 재활용해 만든 아주 독특한 배입니다. 이 배는 12,500개의 플라스틱 병을 재활용하여 만들었습니다. 플라스티키 호의 선장 데이비드 드 로스차일드는 해양 플라스틱 오염에 대해 알리기 위해 플라스티키 호로 태평양을 횡단하여 16,000킬로미터를 항해했어요. 그는 세계의 해양 오염에 대한 유엔의 환경 보고서를 읽은 뒤, 플라스틱 쓰레기가 재사용할 수 있는 자원이 될 수 있다는 것을 증명하고 싶어 했지요. 플라스티키 호의 건조는 플라스틱을 창조적으로 재활용할 수 있다는 사실을 알게 해준 의미있는 사례였어요.

사례탐구 **아길스**

미국 오리건 주에 있는 아길스(Agilyx) 사는 플라스틱 쓰레기로 석유를 만든 최초의 기업이다. 플라스틱 쓰레기로 석유를 만드는 과정은 이렇다. 잘게 부서진 플라스틱이 가득한 작은 용기 주위를 뜨거운 공기를 가하면 플라스틱이 가스로 변하는데, 이것을 압축하여 석유로 바꾼다. 아길스에서는 하루 10톤의 플라스틱을 약 9,500리터의 석유로 바꿀 수 있다. 아길스라는 기업의 성장 과정을 지켜보는 일은 흥미로운 일이 될 것이다. 왜냐하면 이처럼 플라스틱을 석유로 바꾸는 신성장 사업이 충분히 가치 있다고 생각하는 사람들이 늘어나고 있기 때문이다. 플라스틱 재활용 사업은 폭발적인 성장을 거듭할 수 있는 전도유망한 종목이다.

휴대 전화 기부

휴대 전화 케이스는 대개 플라스틱으로 만듭니다. 그래서 사용하지 않는 휴대 전화와 휴대 전화 주변기기를 기부하는 것은 쉽게 실천할 수 있는 환경 보호입니다. 작동 상태가 양호한 휴대 전화를 자선 단체에 기부하거나 저렴하게 판매하는 거예요. 휴대 전화를 이렇게 재활용하면 에너지 절약은 물론이고 매립지로 가는 플라스틱 양을 줄일 수도 있지요. 다른 전자쓰레기처럼 휴대 전화에 사용된 금속을 추출하기 위해 녹이거나 태우는 것보다는 훨씬 효과적인 방법입니다.

현재 많은 곳에서 환경 보호를 위해 휴대 전화 수집 프로그램을 운영하고 있어요. 휴대전화 회사, 매장, 네트워크 통신사, 자선 단체, 재활용

사례탐구 환경 보호 활동

2010년 가을, 웨일스에 있는 40개의 해변에서 자원봉사자들이 쓰레기 실태를 조사하고 해안을 말끔히 청소했다. 2015년까지 영국 해변에 있는 쓰레기를 절반으로 줄이는 것을 목표로 삼고 있는 해양보존협회가 주최한 행사였다. 해변 청소는 만만치 않은 작업이었다. 자원봉사자들은 300미터를 청소하는 동안 무려 25개의 쓰레기 봉투를 가득 채웠다. 해양보존협회 웨일스 지부 스탭인 젤 벨은 다음과 같이 말했다. "더러운 해변에 가고 싶은 사람은 없다. 우리는 잉글랜드와 웨일스 해변을 깨끗이 만들었다. 앞으로도 환경과 야생 생물, 휴양객을 위해 우리가 할 일을 지속적으로 할 것이다."

센터 등과 같은 곳들이 휴대 전화 재활용 프로그램을 운영하는 대표적인 조직들이지요.

우리가 할 수 있는 일들

환경을 위한 자원봉사는 자신에게 만족감을 주고 이웃과 사회에 기쁨과 행복을 줄 수 있는 일입니다. 주변으로 조금만 눈을 돌려보면 세상을 위한 봉사와 나눔을 실천할 수 있는 방법들이 많습니다. 해양 환경 도우미 활동을 통해 바닷가 마을을 깨끗이 할 수도 있고 그린피스 캠페인을 함께하며 플라스틱 오염으로 인한 해양 생명체 보호 활동을 할 수 있

▋ 자원봉사자들이 쓰레기 봉투를 가져와 해변을 청소하고 있다.

지요. 또한 환경 동아리 활동을 통해 환경 문화 공간을 가꾸는 데 도움을 줄 수 있어요. 이처럼 플라스틱 오염에서 벗어나기 위해 할 수 있는 일은 생각보다 다양하답니다. 친환경 세상 만들기에 여러분도 동참해 보는 건 어떨까요? 바로 지금 말입니다.

간추려 보기

- 신소재 플라스틱 개발 사례로 나노탄소가 있다.
- 사람들이 실생활에서 플라스틱 병, 용기, 랩 등의 사용을 줄이고, 플라스틱 제품을 재활용하거나 기부하는 등의 노력을 해야 실제로 플라스틱 오염이 감소하게 된다.

용어 설명

개발 도상국 선진국에 비해 지식과 기술 보급이 부족하며, 경제 개발이 뒤떨어져 있는 국가. 대체로 국민의 평균 소득과 생활 수준이 낮으며, 복지 혜택도 충분하지 않다.

규제 법이나 규정, 조례 등을 통해 국민과 기업의 활동에 제한을 가하는 행정 조치.

너들 플라스틱 제품을 만들 때 원료로 사용되는 작은 플라스틱 알갱이. 물품을 포장할 때 완충제로 사용하기도 한다.

독소 생물체가 만들어 내는 독성이 강한 물질. 주로 단백질로 이루어져 있다. 독소에 노출되거나 체내에 독소가 쌓이면, 각종 질병을 앓거나 심할 경우 생명이 위험한 중독 상태가 될 수 있다.

매립지 아주 많은 쓰레기를 모아놓는 곳. '쓰레기장'이라고도 부른다. 각종 쓰레기를 묻어 폐기물을 처리한다. 매립지에서 유출된 유해 물질로 인해서 토양과 수질 환경 오염이 발생할 수 있다.

배출 안에 있는 것을 밖으로 내보내는 일. 생명체의 경우에는 생명 활동과 무관하거나 해로운 물질을 밖으로 내보내는 일을 말한다.

분해 어떠한 화합물이 구조가 더욱 단순한 화합물로 나누어지는 현상. 자연적으로 분해되는 경우도 있지만, 열이나 빛, 전기, 산성도의 변화, 촉매 등과 같은 환경의 변화에 의해 분해되는 경우도 있다. 예를 들어 물에 전기를 가하면 산소와 수소로 분해된다.

비스페놀A(BPA) 페놀과 아세톤을 합성하여 만든 화합물로 플라스틱 제품을 만드는 원료로 사용한다. 하지만 사람이나 동물의 체내로 유입될 경우, 내분비계의 정상적인 기능을 교란시켜 생식, 면역 기능이 저하되는 등의 피해를 입힌다.

사일로 곡식이나 가축 사료, 분말 등을 보관하는 저장고. 원통의 탑형 저장고가 대표적이지만, 다양한 형태의 저장고도 있다.

선진국 개발 도상국에 비해 산업과 경제가 발달해 있고, 지식과 기술 보급이 잘 되어 있는 국가. 국민의 평균 소득과 생활 수준이

높고, 사회 복지 혜택이 잘 되어 있다.

유럽 연합(EU) 28개의 유럽 국가가 모인 유럽 국가의 연합 기구. 유럽에서 통합 단위의 경제·정치 공동체를 만들기 위한 노력을 함께한다. 국제 사회에서의 외교·군사 부문 협조와 더불어, 세계 평화와 인권 실현을 위한 공동 협력을 하고 있다.

외해 한 나라의 땅에서 19.3킬로미터 밖에 있는 바다. 보통 외해에서는 특정 국가가 배타적으로 주권을 행사할 수 없지만 유엔 해양법에 따라 범죄 예방, 관세 부과, 출입국 관리 등의 목적으로 선박들에 대한 한정적 관할권을 행사할 수 있는 구역도 있다.

잔해 본래 뜻은 썩거나 타다가 남은 뼈다. 부서지거나 못 쓰게 되어 남은 물체를 의미하기도 한다.

정제 어떠한 화합물에 섞여 있는 불순물을 제거하여 그 화합물을 더 순수하게 가공하여 순도를 높이는 과정. 보통 천연 자원은 원래 상태 그대로도 사용할 수 있지만, 정제 과정을 거칠 경우 더욱 유용하게 사용할 수 있다.

제정 법률이나 제도를 만들어서 정하는 것. 법률의 제정은 법률안의 제안, 의결, 공포의 절차를 밟아서 이루어진다.

중합체 분자의 기본 단위가 합쳐져 생성된 물질. 폴리머라고도 부른다. 플라스틱 중합체는 탄소, 수소, 산소 등 화학 물질이 사슬처럼 연결된 형태를 이루고 있다.

집행 법률, 명령, 재판, 처분 등을 실제로 실행하는 일.

페트병 폴리에틸렌을 원료로 만든 플라스틱 병. 가볍고 깨지지 않는 특성이 있다. 액체 성분을 안전하게 담아 오래 보존할 수 있어, 보통 음료수 병으로 많이 제조한다.

폴리스티렌 스티렌 중합체로 만든 플라스틱. 전기 절연 재료로 우수하며, 가공하면 가볍고 투명하면서도 튼튼한 제품을 만들 수 있다. 각종 생활 용품, 장난감, 텔레비전 케이스, 포장재 등에 사용된다.

해양법 세계 각국이 해양을 질서 있게 관리하며, 해양 관련 분쟁을 평화적으로 해결하기 위해 만든 국제법. 해양법은 해양 자원 보존, 해양 교통 안전, 환경 연구 및 보호 등 해양 활동에 관한 폭넓은 영역을 포괄하고 있다.

회수 예전에 사용했거나 버린 물품을 도로 거두어들이는 것. 기존의 물품을 회수한 양이 부족하면, 그만큼 물품의 재사용이나 재활용도 어려워진다.

연표

1862년	알렉산더 파크신이 처음으로 인조 플라스틱인 파크신을 만들었다.
1869년	셀룰로이드가 발명되었다. 처음에는 당구공을 만드는 데 사용되었으나, 그 뒤 1890년대까지 사진 필름으로 더 많이 사용되었다.
1907년	베이클라이트가 발명되었다. 최초의 인조 합성수지 플라스틱으로, 상업적으로도 성공했다.
1908년	셀로판이 발명되었다.
1912년	영국에 쓰레기 매립지가 생겼다.
1920년	PVC(폴리염화비닐)가 발명되었다. PVC는 단단하기 때문에 전기가 잘 안 통하고, 내용물을 보호하는 데 제격이다. 오늘날 PVC의 75퍼센트는 관, 배관, 바닥재, 지붕 재료, 전기 케이블 등에 사용된다.

1925년	산업 잡지 《플라스틱》이 출간되었다. 이 잡지 출간으로 현재 우리가 알고 있는 의미의 플라스틱이라는 용어가 정착되었다.
1927년	방수가 되는 셀로판이 나왔다. 이후 10년 동안 셀로판은 엄청나게 많이 팔렸다.
1933년	현재에도 가장 넓게 사용하는 플라스틱인 폴리에틸렌(PET)이 발명되었다. 폴리에틸렌은 우유 병, 음료수 병, 비닐봉지, 식품 저장 용기 등을 만드는 데 사용된다.
1933년	클링 필름이 개발되었다. 클링 필름은 원래 녹이 스는 것을 방지하기 위해 전투기에 뿌리던 것이었다. 이후, 화학 회사 다우(Dow)는 클링 필름이 표면에 잘 달라붙고 밀봉되는 사실에 주목하여 오늘날 우리가 사용하는 롤 형태의 클링 필름을 팔기 시작했다. 롤 형태의 클링 필름은 음식을 신선하게 보관하는 데 유용하다.
1938년	테플론이 발명되었다. 테플론은 원래 공장에서 금속 부분을 코팅하는 데 사용한 것으로, 산, 열, 냉기에 대한 내성이 강하다. 물질이 잘 달라붙지 않아 깨끗이 씻는 것이 쉬워, 냄비나 후라이팬 제조에 많이 사용된다.
1939년	나일론이 발명되었다. 나일론은 원래 스타킹을 만드는 데 사용되었지만 곧 다른 것들을 만드는

데도 유용하게 쓰였다. 나일론이
발명되기 전까지 칫솔의 솔은 동물
의 털로 만들어졌다.

1948년 장난감 제조 재료가 되는 ABS가 발명되었다.

1951년 폴리에스테르 천이 발명되었다. 폴리에스테르는 옷을 만드는 데
주로 사용되며, 병, 필름, 테이프, 기타나 피아노의 고급 마감재
로도 사용된다.

1952년 런던에서 치명적인 스모그가 발생하여 1만 명 이상이 사망했다.
공기 오염에 대한 관심을 불러일으켰다.

1953년 렉슨이 발명되었다. 렉슨은 아주 단단한 물질로, 우주 여행용 헬
멧, 방풍 유리, 계기반, 노트북 케이스, CD, DVD, 휴대 전화 등을
만드는 데 사용된다.

1954년 스티로폼(발포 폴리스티렌)이 발명되었다. 스티로폼은 포장재로
널리 사용되며, 건물에서 벽 사이로 스며드는 열을 차단하는 단
열재로도 자주 쓰인다.

1962년 기념비적인 책 《침묵의 봄》이 출간되어 환경 운동가들의 관심을
받았다.

1965년 케블러가 발명되었다. 고강도의 특성을 지닌 케블러는 군인이나
경찰이 입는 방탄조끼를 만드는 데 사용된다.

1969년	클리브랜드의 카이어호가 강이 기름과 화학 물질로 인해 불탔다.
1970년	미국에서 환경 보호 단체가 설립되었다.
1971년	국제 환경 보호 단체인 그린피스가 설립되었다.
1973년	해양오염방지협약, 즉 마르폴(MARPOL)이 채택되었다. 이후 선박으로부터의 오염 물질 유출이 제한되었다.
1974년	전 세계의 환경에 대한 조사를 하는 월드워치 연구소가 설립되었다.
1979년	따뜻하고 부드러운 직물인 플리스가 발명되었다. 플리스는 담요, 점퍼, 재킷 같은 옷을 만드는 데 사용된다.
2000년	히데키 시라카와, 앨런 맥더미드, 앨런 히거가 전기가 통하는 플라스틱을 개발해 노벨화학상을 받았다.

더 알아보기

유엔환경계획 한국위원회 www.unep.or.kr
UNEP의 한국본부로서 유엔의 환경 계획 실천을 도우며, 환경 문제에 관한 폭넓은 국제 협력 활동을 한다.

그린피스 www.greenpeace.org
1971년 설립된 국제 환경 보호 단체로서 핵실험 반대와 자연 보호 운동 등을 통하여 지구의 환경을 보존하고 평화를 증진시키기 위한 활동을 펼치고 있다.

플라스틱 오염 연합 www.plasticpollutioncoalition.org
플라스틱 오염과 관련된 정보를 전문적으로 다루며, 플라스틱 오염 방지를 위한 실천 운동을 한다.

환경운동연합 www.kfem.or.kr
한국에서 결성된 민간 환경 단체들의 연합체다. 환경 오염과 생태계 파괴의 위기를 겪고 있는 지구 환경을 보호하고, 환경 인권을 실현하기 위해 설립되었다.

알갈리타 해양연구재단 www.algalita.org
알갈리타 해양연구재단은 해양 쓰레기 지대를 발견하고 홍보하는 일을 한다. 해양 오염과 해양 생물에 대한 자료가 많고, 관련 전문 정보를 찾는 데 도움이 된다.

한국 환경부 www.me.go.kr
환경 보전과 환경 오염 방지에 관한 사무를 관장하는 중앙행정기관이다. 한국의 환경 정책 및 환경에 관한 각종 정보를 찾아볼 수 있다.

찾아보기

내인생의책은 한 권의 책을 만들 때마다
우리 아이들이 나중에 자라 이 책이 '내 인생의 책'이라고 말할 수 있는 책을 만들고자 합니다.

세상에 대하여 우리가 더 잘 알아야 할 교양
㊺ 플라스틱 오염 재활용이 해답일까? (원제: Plastic Pollution)
제오프 나이트 글 | 한진여 옮김 | 윤순진 감수

초판 발행일 2016년 2월 29일 | 2쇄 발행일 2023년 1월 15일
펴낸이 조기룡 | 펴낸곳 내인생의책 | 등록번호 제10-2315호
주소 서울시 서초구 나루터로70, 엠피스센터 212-1호
전화 (02)335-0449, 335-0445(편집) | 팩스 (02)6499-1165
전자우편 bookinmylife@naver.com | 카페 http://cafe.naver.com/thebookinmylife
편집장 이은아 | 편집1팀 신인수 이다겸 | 편집2팀 조정우 김예지
디자인 안나영 김지혜 | 경영지원 조하늘 | 마케팅 강보람

ISBN 979-11-5723-234-5 44300
ISBN 978-89-97980-77-2 44300(세트)

Plastic Pollution by Geof Knight
under licence to Capstone Global Library Limited.
All rights reserved.

책값은 뒤표지에 있습니다. 잘못된 책은 구입처에서 바꾸어 드립니다.

이 도서의 국립중앙도서관 출판시도서목록(CIP)은 e-CIP 홈페이지(http://www.ml.go.kr/ecip)에서 이용하실 수 있습니다.
(CIP제어번호: 2015033636)

세더잘 44
글로벌 경제 나에게 좋은 걸까?
리처드 스필베리 글 | 한진여 옮김 | 강수돌 감수

글로벌 경제는 인류의 삶에 풍요를 가져왔다
vs 글로벌 경제는 빈부 격차를 확대하고 환경을 파괴할 뿐이다

글로벌 경제란 국가 간 무역량이 늘어나면서 나라와 나라 사이의 경제 활동이 더 자유로워지고 상호 의존도가 높아지는 경제를 말합니다. 글로벌 경제는 그동안 인류의 삶을 풍요롭게 하는 데 큰 역할을 했지만 한편으로는 환경 파괴나 노동 소외 등의 문제를 불러 일으켰습니다. 과연 글로벌 경제는 나의 삶에 좋은 것일까요?

세더잘 43
제노사이드 집단 학살은 왜 반복될까?
마크 프리드먼 글 | 한진여 옮김 | 홍순권 감수

제노사이드는 정치 권력자의 범죄이므로 이들을 확실하게 처벌하면 재발을 막을 수 있다
vs 제노사이드는 국제사회(UN)와 개인들이 힘을 모아야 근절시킬 수 있다

인류 역사에는 한 민족이 다른 민족을 집단으로 학살하는 비극이 지속적으로 발생해 왔습니다. 아르메니아 대학살부터 아우슈비츠 학살까지 역사는 되풀이됩니다. 과연 제노사이드는 어떻게 막을 수 있을까요? 주동자를 처벌하면 될까요? 국제 사회의 노력이 필요할까요?

세더잘 42
다문화 우리는 단일민족일까?
박기현 글 | 변종임 감수

우리는 단일민족이기 때문에 다문화 사회로의 전환이 원칙적으로 어렵다
vs 우리는 원래 다문화 사회였기 때문에 행복한 다문화 사회를 만들 수 있다

최근 한국 사회에도 다문화 가정이 많이 늘어나는 추세입니다. 하지만 여전히 다른 인종과 다른 민족에 대한 편견과 차별이 존재하고 있는 것이 현실이지요? 과연 한국은 다문화 사회로의 성공적인 전환이 가능할까요?

세더잘 41
빅데이터 빅브러더가 아닐까?
질리 헌트 글 | 이현정 옮김 | 최진 감수

빅데이터는 새 시대를 열어 줄 신기술이므로 적극적으로 데이터를 활용할 제도를 구축해야 한다.
vs 빅데이터로 인한 개인 정보 유출 등의 빅브러더 문제를 막으려면 데이터 활용을 적절히 규제해야 한다.

식품 산업에서부터 스포츠 경기에 이르기까지 빅데이터 기술을 활용한 시장 분석은 인류 생활에 큰 변화를 가져왔지요. 그런데 정보를 수집하는 빅데이터 기술의 특성상 개인 정보의 침해라는 인권 문제도 함께 재기되고 있어요. 과연 신기술은 어디까지 허용되야 할까요?

친구처럼 말을 건네는 살아 있는 지식!

청소년 지식수다는 시사적인 이슈를 사회, 과학, 경제, 문화적 관점에서 들여다보며 세상을 해석하는 나만의 시각을 길러 줍니다.

⑥ 경제 성장이라는 괴물

경제 성장의 이면에 감춰진 진실을 파헤치다!
지속가능한 발전의 모든 것을 50개 키워드로 알기 쉽게
설명한다. 어떻게 사는 것이 진정으로 인간다운 삶인지를
수다 떨듯 재미있게 알려주는 청소년 교양서.

실비 뮈니글리에 · 브누아 브로이야르 글 | 마튜 드 뮈종 그림 | 윤순진 감수 |
김보희 옮김

청소년 지식수다는 계속 출간됩니다.

① 원자력이 아니면
촛불을 켜야 할까?

장바티스트 드 파나피외 글 | 쥘리앙 르
브뇌 그림 | 곽영직 감수 | 배형은 옮김

② 신문, 읽을까 클릭할까?

마리용 기요 글 | 니콜라 와일드 그림 |
김민하 감수 | 이은정 옮김

아는 만큼 건강해지는 성
③ 청소년 빨간 인문학

키라 버몬드 글 | 박현이 감수 | 정용숙
옮김

④ 언어가 사라지면
인류는 어떻게 될까?

실비 보시에 글 | 안느 루케트 그림 | 이
기용 감수 | 배형은 옮김

⑤ 돈을 알면 세상이 보일까?

알렉상드르 메사제 글 | 파코 그림 | 노
상채 감수 | 김보희 옮김